高职高专新能源汽车专业"十三五"规划教材

新能源汽车认知与应用

组　编　广州合赢教学设备有限公司
主　编　吴荣辉　李　颖
副主编　白树全　史　婷　张习泉　彭小红　蔡晓娟
主　审　冯　津

机械工业出版社

《新能源汽车认知与应用》全面、系统地介绍了新能源汽车的基础知识，让读者对新能源汽车的结构原理、使用与维修有总体的认识。本书主要内容包括：新能源汽车的定义、基本性能特征与性能评价参数，以及新能源汽车政策法规、标准与发展；纯电动汽车和混合动力汽车的结构原理；燃料电池汽车与其他能源动力汽车的结构原理；新能源汽车的高压电路、新能源汽车维修车间的安全要求；新能源汽车的使用与充电，包括新能源汽车起动操控、充电的操作方法及注意事项。

本书插有二维码，可扫描看视频；配有课件等教学资源。

本书通俗易懂，图文并茂，有利于激发学生的学习兴趣，适合中高职新能源汽车专业及汽车相关专业的学生使用，还可供汽车销售顾问、售后服务顾问、保险理赔员、维修技师及其他汽车行业相关人员阅读参考。

图书在版编目（CIP）数据

新能源汽车认知与应用/吴荣辉，李颖主编．—北京：机械工业出版社，2018.2（2020.4重印）
高职高专新能源汽车专业"十三五"规划教材
ISBN 978-7-111-59699-8

Ⅰ.①新… Ⅱ.①吴… ②李… Ⅲ.①新能源－汽车－高等职业教育－教材 Ⅳ.①U469.7

中国版本图书馆CIP数据核字（2018）第077495号

机械工业出版社（北京市百万庄大街22号　邮政编码100037）
策划编辑：齐福江　责任编辑：齐福江　安桂芳
责任校对：陈　越　封面设计：鞠　杨
责任印制：张　博
三河市宏达印刷有限公司印刷
2020年4月第1版第4次印刷
184mm×260mm·13.25印张·318千字
8 901—10800册
标准书号：ISBN 978-7-111-59699-8
定价：35.00元

凡购本书，如有缺页、倒页、脱页，由本社发行部调换

电话服务　　　　　　　　　　网络服务
服务咨询热线：010-88379833　机 工 官 网：www.cmpbook.com
读者购书热线：010-88379649　机 工 官 博：weibo.com/cmp1952
　　　　　　　　　　　　　　　教育服务网：www.cmpedu.com
封面无防伪标均为盗版　　　金　书　网：www.golden-book.com

高职高专新能源汽车专业"十三五"规划教材
编委会

主任委员： 冯津　广州合赢教学设备有限公司

副主任委员：
　　吴荣辉　珠海笛威汽车学院
　　齐福江　机械工业出版社
　　许　云　湖北襄樊汽车职业技术学院
　　陈文均　贵州交通技师学院
　　李　锴　深圳技师学院
　　王　毅　贵州交通职业技术学院

委　员：

深圳技师学院	李清明
顺德职业技术学院	张斌、赵良红
贵州交通职业技术学院	王强
广东省机械研究所	谭小蔓
上海思博职业技术学院	李颖
贵州六盘水职业技术学院	朱德桥、朱博
黔东南职业技术学院	李民和
广州城市职业学院	温炜坚
广州铁路职业技术学院	郑毅
中山职业技术学院	齐建民
东莞职业技术学院	巩航军、刘存山
广东珠海城市职业学院	黄关山
湖北鄂州职业大学	熊裕文
广东农工商职业技术学院	黄军辉
湖北黔南民族职业技术学院	万东操
黔西南民族职业技术学院	李松
贵州交通职业技术学院	王强
江西交通职业技术学院	官海兵
陕西交通职业技术学院	任春晖、彭小红
云南工业技师学院	彭涛、戴荣航
云南德宏州高等师范专科学校	段碧涛
贵州铜仁职业技术学院	吴飞
云南安宁职业高级中学	蔡春华
云南曲靖市高级技工学校	栾增能
天津交通技师学院	邢振东
深圳市第二职业技术学校	孙兵凡
顺德中等专业学校	郭建英、赵鹏媛
深圳泽然浩比亚迪新能源4S店	潘斌双
深圳市龙岗职业技术学校	易小彪
深圳欧克勒亚科技有限公司	李永才

丛书主审： 冯津

前言

  汽车产业快速发展带来的交通拥堵、能源危机和环境污染是限制汽车产业发展的主要瓶颈，因此新能源汽车产业成为国家重点发展和大力扶持的产业。国务院于2012年6月28日颁发《节能与新能源汽车产业发展规划（2012—2020年）》，指出新能源汽车技术路线以纯电驱动为新能源汽车发展和汽车工业转型的主要战略取向，当前重点推进纯电动汽车和插电式混合动力汽车产业化，推广普及非插电式混合动力汽车、节能内燃机汽车。

  由于国家政策的扶持，新能源汽车得到了飞速的发展，由此带来的新能源汽车后市场将需要大量的销售、维修及其他各方面的人才。教育服务于市场，领先于市场，针对几年后对新能源汽车专业技术人员的需求井喷，职业院校必须提前培养新能源汽车专业人才，为今后的新能源汽车后市场储备人才。

  为满足职业教育的迫切需求，我们组织新能源汽车企业一线培训专家、维修技师及职业院校资深教师（如国家教学名师贵州交通技师学院陈文均院长、行业知名培训专家珠海笛威汽车学院吴荣辉院长、职教专家湖北襄阳汽车职业技术学院许云党委书记、全国比亚迪职业技能大赛亚军深圳技师学院李楷老师）主导编写了这套"高职高专新能源汽车专业'十三五'规划教材"，以新能源汽车的认识、使用和维修为开发方向，使教材贴近汽车维修企业的实际工作。同时，通过职业教育专家对教材整体结构进行全面审查和调整，使教材符合职业教育的特点。本套教材采用模块与单元的结构进行编写，以方便教学组合；教材中涉及的新能源汽车以北汽新能源、上汽荣威、比亚迪汽车、众泰汽车及其他国内外典型的车型为主，综合主流新能源汽车厂家产品的共性和差异，以解决新能源汽车"地域"差异的问题。

  《新能源汽车认知与应用》系统性地介绍了新能源汽车的基础知识，让学生对新能源汽车有总体的认识，包括五个模块，分别讲述新能源汽车现状与发展（介绍新能源汽车的定义、基本性能特征与性能评价参数，以及新能源汽车政策法规、标准与发展）、纯电动汽车与混合动力汽车（介绍纯电动汽车和混合动力汽车的结构原理）、燃料电池与其他能源动力汽车（介绍燃料电池汽车与其他能源动力汽车的结构原理）、新能源汽车高压安全与防护（介绍新能源汽车的高压电路、新能源汽车维修车间的安全要求）、新能源汽车使用与充电（介绍新能源汽车起动操控、充电的操作方法及注意事项）。

  本书尽量采用实物照片，图文并茂，通俗易懂，形式生动活泼，有利于激发学生的学习兴趣，适合中高职新能源汽车专业及汽车相关专业的学生使用，还可供汽车销售顾问、售后服务顾问、维修技师、保险理赔员、驾驶员以及其他汽车行业相关人员阅读参考。

  本书由吴荣辉、李颖任主编，白树全、史婷、张习泉、彭小红、蔡晓娟任副主编，冯津主审，参编人员有顾小冬、胡丁凡、刘存山、温炜坚、张红伟、郑毅、王毅。

  感谢北京博乐汽车研究院裘文才、段钟礼等专家对本书编写工作的大力支持。

  限于编者的技术水平，书中难免存在不当之处，敬请广大读者批评指正。在编写过程中参考了国内外相关著作、汽车厂家培训课件及其他文献资料，在此一并向有关作者及汽车厂家表示最真诚的感谢！

编 者

目录

前言

模块一　新能源汽车现状与发展 ………………………………………………… 1

　　单元一　认识新能源汽车 ………………………………………………………… 1
　　单元二　新能源汽车基本性能特征与性能评价参数 …………………………… 19
　　单元三　新能源汽车政策法规、标准与发展 …………………………………… 34

模块二　纯电动汽车与混合动力汽车 …………………………………………… 48

　　单元一　纯电动汽车结构 ………………………………………………………… 48
　　单元二　混合动力汽车结构 ……………………………………………………… 84

模块三　燃料电池与其他能源动力汽车 ………………………………………… 110

　　单元一　燃料电池汽车结构 ……………………………………………………… 110
　　单元二　其他能源动力汽车 ……………………………………………………… 123

模块四　新能源汽车高压安全与防护 …………………………………………… 137

　　单元一　新能源汽车高压电路 …………………………………………………… 137
　　单元二　新能源汽车维修车间安全要求 ………………………………………… 167

模块五　新能源汽车使用与充电 ………………………………………………… 178

　　单元一　新能源汽车的使用 ……………………………………………………… 178
　　单元二　新能源汽车的充电 ……………………………………………………… 188

参考文献 ……………………………………………………………………………… 204

模块一 新能源汽车现状与发展

单元一 认识新能源汽车

情境导入

近年来，随着能源危机与环境污染的加剧，新能源汽车成为汽车行业的热门话题。作为汽车行业的从业人员，如果有人问你：什么是新能源汽车？新能源汽车与传统汽车有什么区别呢？你能正确回答吗？如果不能，我们一起来学习吧！

学习目标

1. 能够描述新能源与新能源汽车的定义。
2. 能够描述新能源汽车诞生与发展背景。
3. 能够描述发展新能源汽车的意义。
4. 能够描述新能源汽车的类型。
5. 能够描述新能源汽车与传统汽车的区别。

知识学习

纯电动汽车的初步认知

一、新能源与新能源汽车

1. 什么是新能源

新能源又称非常规能源，是指传统能源之外的各种能源形式，包括刚开发利用或正在积极研究、有待推广的能源，如太阳能、地热能、风能、海洋能、生物质能和核聚变能等。新能源越来越多地被用到风电产业、地热利用产业、沼气发电产业、生物质产业、太阳能光伏产业、新能源汽车产业。图 1-1-1 为新能源的产业示意图。

2. 什么是新能源汽车

新能源汽车（New Energy Vehicles），简单来说，新能源汽车包括两层含义，即新能源和汽车。

传统的汽车通常为内燃机驱动，根据内燃机加注的燃料不同，可分为汽油汽车、柴油汽车等。而新能源汽车是集合上面所述的汽车与新能源利用的双重含义。我们一般把利用内燃

图 1-1-1　新能源的产业示意图

机驱动的汽车称为传统汽车，新能源汽车根据利用能源方式的不同，有油电混合类新能源汽车、替代燃料新能源汽车以及其他形式的新能源汽车。

根据 2017 年 7 月 1 日正式实施的《新能源汽车生产企业及产品准入管理规定（工信部第 39 号令）》：新能源汽车是指采用新型动力系统，完全或者主要依靠新型能源驱动的汽车，包括插电式混合动力（含增程式）汽车、纯电动汽车和燃料电池汽车等。

增程式电动汽车（Extended – Range Electric Vehicles，简称 EREV）与纯电动汽车的区别是车辆安装一台燃油发动机，在动力电池电量不足时为动力电池充电。

非常规的车用燃料：指除汽油、柴油、天然气（NG）、液化石油气（LPG）、乙醇汽油（EG）、甲醇、二甲醚之外的燃料。

根据《节能与新能源汽车产业发展规划（2012—2020 年）》主要政策，在 2012 年沿用新能源汽车名词，分类包括插电式混合动力汽车、纯电动汽车和燃料电池汽车。主要特征是采用新型动力系统，完全或主要依靠新型能源驱动的汽车。

工业和信息化部、国家税务总局通过发布《免征车辆购置税的新能源汽车车型目录》，自 2014 年 9 月 1 日至 2017 年 12 月 31 日，对购置的新能源汽车免征车辆购置税。列入《目录》的新能源汽车须同时符合以下条件：

1）获得许可在中国境内销售的纯电动汽车、插电式（含增程式）混合动力汽车、燃料电池汽车。

2）使用的动力电池不包括铅酸电池。

3）纯电动续驶里程须符合新能源汽车纯电动续驶里程要求。

4）插电式混合动力乘用车综合燃料消耗量（不含电能转化的燃料消耗量）与现行的常规燃料消耗量国家标准中对应目标值相比小于 60%；插电式混合动力商用车综合燃料消耗量（不含电能转化的燃料消耗量）与现行的常规燃料消耗量国家标准中对应限值相比小于 60%。

5）通过新能源汽车专项检测，符合新能源汽车标准要求。

二、新能源汽车诞生与发展背景

由于传统汽车需要消耗燃油以及排放废气,因此汽车对气候变暖、环境污染以及能源危机的影响是汽车行业必须面对的问题。

1. 汽车温室气体的排放对全球气候变暖的影响

温室气体是指能够产生温室效应的气体,包括二氧化碳(CO_2)、甲烷(CH_4)、一氧化二氮(N_2O)、氟化合物等。二氧化碳是大气主要的温室气体之一。当二氧化碳含量升高时,会增强大气对太阳光中红外线辐射的吸收,阻止地球表面的热量向外散发,使地球表面的平均气温上升,这就是所谓的温室效应。地球上接连出现的"厄尔尼诺"和"拉尼娜"现象都与温室效应加剧有关。城市因人口密集、高楼密集、公路密集,导致"城市热岛效应"更为严重。温室气体像毯子一样把热束缚在低层大气里,城市年平均气温比郊区高1℃,甚至更多。城市热岛效应已经改变了地方天气形势,特别是雨量分布形势已经发生改变,这是全球变暖在城市的反应。

随着全球范围内工业的发展,温室气体的排放有了明显的上升,从1900年以来,由于温室气体的原因,地球的平均温度已经增加了0.6℃。为了阻止气温的变化,必须减少温室气体的排放。1997年12月,由联合国气候变化框架公约参加国在日本京都召开会议,起草并制定的《京都议定书》,英文名称为"Kyoto Protocol",又译《京都协议书》或《京都条约》,全称《联合国气候变化框架公约的京都(议定书)》是《联合国气候变化框架公约》(United Nations Framework Convention on Climate Change,UNFCCC)的补充条款。经过国际社会多年的共同努力于2005年2月16日正式生效,签署的国家已达185个。

《京都议定书》规定(图1-1-2),在2008—2012年间,工业国家必须减少温室气体的排放,相比1990年排放数量减少5%。

《京都议定书》刺激了太阳能电池产业公司的股价大幅上涨,从而"新能源"这一名词渐渐走入人们的视线。汽车每燃烧1kg汽油排出3.08kg的二氧化碳,因此汽车是排放温室气体的主要因素之一,汽车行业对全球气候变暖的影响也无法忽视。

地区	排放减少量
世界	-5.2%
欧洲联盟	-8%
荷兰	-6%
比利时	-7.5%
卢森堡	-28%
葡萄牙	+27%

图1-1-2 《京都议定书》规定

2. 汽车对环境污染的影响

伴随我国国民经济的持续快速发展,大城市大气环境污染问题日益突出,如图1-1-3所示。北京、广州、上海、重庆等大城市,导致市区大气污染以机动车为重要污染源,如图1-1-4所示。许多国家的大、中城市的空气污染有五成以上来源于汽车尾气。

目前,绝大部分汽车采用的发动机是内燃机。汽车发动机燃烧燃料产生动力的同时排放出尾气。尾气的主要成分是二氧化碳(CO_2)、一氧化碳(CO)、氮氧化物(NO_x)和碳氢化合物(HC),还有铅尘和烟尘等污染物和一些固体细微颗粒物。

图1-1-3 污染中的城市

图1-1-4 汽车尾气

二氧化碳是燃油正常燃烧的产物，是造成气候变暖的主要原因，但对人体没有直接伤害。一氧化碳与血液中的血红蛋白结合的速度比氧气快250倍，从而削弱血液向各组织输送氧的功能，危害中枢神经系统，造成人的感觉、反应、理解、记忆力等机能障碍，重则危害血液循环系统，导致生命危险。氮氧化物和碳氢化合物在太阳紫外线作用下，产生一种具有刺激性的化学烟雾，其对人体最突出的危害是刺激眼睛和上呼吸道黏膜；尾气中颗粒物成分很复杂，并具有较强的吸附能力，可以吸附各种金属粉尘、强致癌物质和病原微生物等，颗粒物随呼吸进入人体，会引起呼吸系统疾病及恶性肿瘤。

除了汽车尾气给环境带来的不利影响，汽车在生产、使用乃至报废过程中都会造成环境污染。在汽车制造过程中，塑料制件中使用的氟利昂破坏臭氧层，铅基涂料会造成铅污染，油漆溶剂的散逸也会造成污染等。

为了降低汽车对环境的污染，世界各国都制定了一系列汽车尾气排放标准。欧洲汽车废气排放标准是欧盟国家为限制汽车废气排放污染物对环境造成的危害而共同采用的汽车废气排放标准。当前对几乎所有类型的车辆排放的氮氧化物、碳氢化合物、一氧化碳和悬浮粒子（Particulate Matter，PM）都有限制。对每一种车辆类型，汽车废气排放标准有所不同。欧洲标准是由欧洲经济委员会（ECE）的汽车废气排放法规和欧盟（EU）的汽车废气排放指令共同加以实现的。在欧洲，汽车废气排放的标准一般每四年更新一次。相对于美国和日本的汽车废气排放标准来说，欧洲标准测试要求比较宽泛，因此发展中国家大都沿用欧洲标准。由于我国的乘用车车型大多从欧洲引进生产技术，我国大体上也采用了欧洲的标准体系。

3. 汽车对能源危机的影响

随着我国经济的高速发展，推动了能源需求快速增长。根据美国能源信息署发布的《2013年度国际能源展望》，以中国、印度为主的新兴市场国家是世界能源消费增长的主要驱动因素，到2040年，全球石油消费量将大增32%。根据《中国2050年低碳情景和低碳发展之路》预测，在基准情境下，到2050年，我国一次性能源需求量将增加到66.57亿t标准煤。在石油进口依存度持续上升情况下，国际石油价格将直接影响到我国的能源安全、经济安全乃至国家安全。

近年来我国汽车产业发展迅速，已成为全球第一大汽车市场。2009年我国汽车产销量已经跃居全球第一。据统计，到2020年我国汽车的燃油需求量将达到2.56亿t，而全球石油储量仅够再用约40年，能源短缺已经成为全球问题。

三、发展新能源汽车的意义

新能源汽车所带来的环境效益和经济效益表现如下：

1. 降低环境污染

新能源汽车，特别是纯电动汽车和燃料电池电动汽车在本质上是一种零排放汽车，无直接排放污染物，间接污染物主要产生于非可再生能源的发电与氢气制取过程。其污染物可以采取集中治理的方法加以控制；混合动力电动汽车在纯电动行驶模式下同样具有零排放的效果，同时由于减少了燃油消耗，二氧化碳排放可降低30%以上。另外，电动汽车比同类燃油车辆噪声也低5dB以上，大规模推广电动汽车将大幅度降低城市噪声。

2. 节约能源

据测算，传统燃油从开采到汽车利用的平均能量利用率仅14%左右，采用混合动力技术后，能量利用率可以提高30%以上。另外，插电式混合动力汽车和纯电动汽车可以利用电网夜间波谷充电，提高了电网的综合效率。

3. 优化能源消耗结构

我国已探明的石油储量仅占世界石油储量的2%～3%，从1993年我国成为石油进口国。目前，我国交通运输约占石油总消耗的一半。由于电动汽车具有能源来源多元化的特点，各种可再生能源可以转化为电能或氢能加以有效利用；同时，利用电网对电动汽车进行充电，增加了电力在交通能源领域中的应用，减少了对石油资源的依赖，优化了交通能源构成。

四、新能源汽车的类型

新能源汽车从不同的角度有很多种分类方式，以下分别从获取能源的方式和油电比例介绍新能源汽车常见的分类方式。

1. 按驱动系统获取能源的方式分类

按照新能源汽车驱动系统获取能源的方式，分为以下两种类型：

类型一：以电力驱动技术为主的电动汽车。

类型二：在内燃机基础上研发以替代燃料技术为主的替代燃料汽车，如氢能源汽车、LPG燃料汽车等。

在这里有一点需要特别注意，对于燃料电池汽车和太阳能汽车、超级电容汽车等，实际上也可以归类到电动汽车类型中，主要原因在于此类汽车的能源最终都是转换成电力的形式存储在汽车或者直接通过电机驱动车辆的，如图1-1-5所示。

（1）电动汽车类型　电动汽车从动力结构的角度可以分为纯电动汽车和混合动力汽车，同时也包括燃料电池汽车及其他类型的电动汽车，如太阳能汽车和超级电容汽车等。

1）纯电动汽车。纯电动汽车，顾名思义就是全部采用电力驱动的汽车，利用驱动电机来驱动车辆。图1-1-6所示为众泰E200纯电动汽车，我们看到的并非是加油口而是充电插座。

纯电动汽车的优点在于技术相对简单、成熟，只要有电力供应的地方都能够充电。但目前作为动力的蓄电池单位重量储存的能量太少，而且蓄电池成本高，又没形成经济规模，故购买价格较贵。

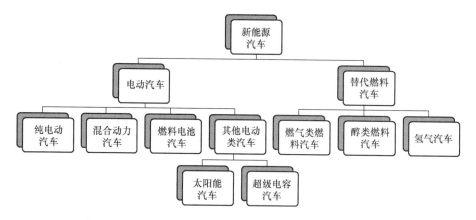

图1-1-5 按驱动系统获取能源方式划分的新能源汽车类型

有专家认为,对于电动汽车而言,目前最大的障碍就是基础设施建设以及价格影响了产业化的进程,与混合动力汽车相比,电动汽车更需要基础设施的配套,而这不是一家企业能解决的,需要各企业联合起来与当地政府部门一起建设,才会有大规模推广的机会。

2)混合动力汽车。混合动力汽车是指那些采用传统燃料,同时配以电动机/发动机来改善低速动力输出和燃油消耗的车型。按照燃料种类的不同,主要又可以分为汽油混合动力和柴油混合动力两种。目前国内市场上,混合动力汽车的主流都是汽油混合动力,而国际市场上柴油混合动力车型发展也很快。

图1-1-6 众泰E200纯电动汽车

图1-1-7所示为雷克萨斯CT200h混合动力汽车,其汽油、电机传动系统拥有四种不同的设置,包括节能、普通、运动和EV(Electric Vehicle)四个模式,特别是EV模式值得关注,允许CT200h用纯电动力以45km/h的速度行使2km,搭载1.8L的四缸发动机,另外还配有一个大功率的直流电动机,在配合汽油发动机的时候,整车可以提供大约132kW的最大功率。

3)燃料电池汽车。燃料电池汽车(图1-1-8)是指以氢气、甲醇等为燃料,通过

图1-1-7 雷克萨斯CT200h混合动力汽车

化学反应产生电流,依靠电机驱动的汽车。燃料电池的能量是通过氢气和氧气的化学作用直接变成电能。燃料电池的化学反应过程不会产生有害产物,因此燃料电池汽车是无污染的汽车类型。燃料电池的能量转换效率比内燃机要高2~3倍,因此从能源的利用和环境保护方面,燃料电池汽车是一种理想的汽车类型。燃料电池汽车的结构示意图如图1-1-9所示。

4）太阳能电动汽车。普通的电动汽车是一种以电力为能源的车辆，一般使用铅酸电池或是锂离子电池进行供电。而太阳能电动汽车是在此基础上，将太阳能转换成电能对车进行供电的，在很大程度上降低了电动车的使用成本，而且非常环保。图1-1-10所示为太阳能电动汽车。

图1-1-8 燃料电池汽车

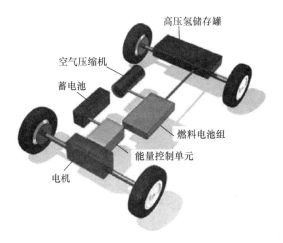

图1-1-9 燃料电池汽车的结构示意图

图1-1-10 太阳能电动汽车

太阳能电动汽车的主要优点是：

① 以光、电代替燃油，可节约有限的石油资源。白天，太阳能电池把光能转换为电能自动存储在动力电池中。在晚间或阴雨天，可以利用家用交流电（220V）进行充电，确保车辆照常行驶。

② 无污染。因为不用燃油，不会排放污染大气的有害气体。

③ 无噪声。没有内燃机，行驶时不会听到燃油汽车的轰鸣声。

太阳能电动汽车的缺点是：

① 开发成本较高。

② 受自然条件（阳光）的限制。

5）超级电容汽车。超级电容汽车采用了超级电容储能装置。利用双电层原理制成的大容量电容称为超级电容，利用超级电容储能的装置就称为超级电容储能装置。其动力系统原理如图1-1-11所示，超级电容存储的电能配合电池的电能，经过逆变器加载到电机，实现对车辆的驱动。

我国第一辆超级电容公交车（图1-1-12），2006年8月28日在上海投入运营。使用证明，该车起步动作迅速有力，运行时清洁、经济、方便，在车顶上的可伸缩受电弓可快速升降，与公交车站上方的高压馈线碰触就可充电，中途充电30s即可，充一次电可行驶3～5站地。图1-1-13所示为超级电容客车的电容组。

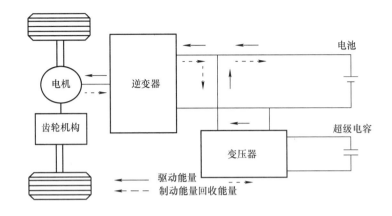

图1-1-11 超级电容汽车动力系统原理

图1-1-12 超级电容公交车

（2）替代燃料汽车类型

1）燃气类燃料汽车。燃气类燃料汽车简称燃气汽车，是指用压缩天然气（CNG）、液化石油气（LPG）和液化天然气（LNG）作为燃料的汽车。燃气汽车由于其排放性能好，可调整汽车燃料结构，运行成本低、技术成熟、安全可靠，所以被世界各国公认为当前最理想的替代燃料汽车。目前，燃气仍然是世界汽车代用燃料的主流，在我国代用燃料汽车中占到90%左右。

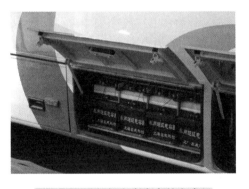

图1-1-13 超级电容客车的电容组

燃气汽车一般又分为三种类型，即专用气体燃料汽车、两用燃料汽车和双燃料汽车。专用气体燃料汽车是以液化石油气、天然气或煤气等气体为发动机燃料的汽车，如天然气汽车、液化石油气汽车等，这种汽车可以充分发挥天然气理化性能特点，价格低、污染少，是最清洁的汽车；两用燃料汽车是指具有两套相对独立的供给系统，一套供给天然气或液化石油气，另一套供给天然气或液化石油气之外的燃料，两套燃料供给系统可分别但不可共同向气缸供给燃料的汽车，如汽油/压缩天然气两用燃料汽车、汽油/液化石油气两用燃料汽车等；双燃料汽车是指具有两套燃料供给系统，一套供给天然气或液化石油气，另一套供给天然气或液化石油气之外的燃料，两套燃料供给系统按预定的配比向气缸供给燃料,在气缸混合燃烧的汽车,如柴油—压缩天然气双燃料汽车、柴油—液化石油气双燃料汽车等。

图 1-1-14 所示为长安星光 4500 双燃料汽车,以 93 号无铅汽油和压缩天然气为燃料。

图 1-1-14　长安星光 4500 双燃料汽车

2)醇类燃料汽车。乙醇俗称为酒精,因此使用乙醇为燃料的汽车,也可称为酒精汽车。如果采用生物乙醇作为燃料,则可以称为生物燃料或生物乙醇汽车。

用乙醇代替石油燃料的历史已经很长,无论是从生产上和应用上的技术都已经很成熟。在汽车上使用乙醇,可以提高燃料的辛烷值,增加氧含量,使发动机缸内燃烧更完全,可以降低尾气的有害物的排放。

图 1-1-15 所示为三菱生物乙醇汽车。

3)氢气汽车。也称为氢动力汽车或氢燃料汽车,是一种真正实现零排放的交通工具,排放出的是纯净水,具有无污染、零排放、储量丰富等优势。因此,氢气汽车是传统汽车最理想的替代方案。但是从制造成本而言,与传统动力汽车相比,氢气动力汽车成本至少高出 20%。

中国长安汽车在 2007 年完成了我国第一台高效零排放氢内燃机点火汽车,并在 2008 年北京车展上展出了我国自主研发的首款氢气动力概念跑车"氢程"(图 1-1-16)。

图 1-1-15　三菱生物乙醇汽车

图 1-1-16　"氢程"概念跑车

2. 按油、电的分配比例分类

根据目前市场上成熟车辆的形式,结合传统汽车、纯电动汽车和混合动力汽车,按照油、电的分配比例，划分成图1-1-17所示级别的油、电类新能源汽车。

图1-1-17　按油、电的分配比例划分的新能源汽车类型

ICE：纯内燃机驱动的汽车，100%的动力能源来自内燃机输出。

HEV：油电混合动力汽车，通常情况下，电力输出能量占到电力与内燃机总能量的25%左右。

PHEV：插电式混合动力汽车，因为此类汽车可以通过外部电网获取电能，电力输出一般较高，占到55%左右。

BEV：纯电动汽车，驱动车辆的动力全部是电能。

五、新能源汽车与传统汽车的区别

新能源汽车的基础仍然是汽车，只是驱动车辆的能源形式变了。因此，要了解新能源汽车，首先得具备传统汽车的基础。

图1-1-18所示为新能源汽车基本结构特征，其说明了新能源汽车是在传统汽车一些系统的基础上，改进了驱动汽车的动力，如采用了存储电能的动力电池和驱动电机，或者是继续保留内燃机，但通过增加一套电力驱动来优化内燃机燃烧的混合动力。

图1-1-18　新能源汽车基本结构特征

需要特别说明的是，目前我们所说的新能源汽车一般就是指纯电动汽车或油电类型混合动力汽车，因此以下的内容在没有特别说明的情况下，所述的新能源汽车即为上述两种类型。

与传统汽车相对比，新能源汽车具有一些基本的结构特征，这包括：

1. 改变了驱动车辆的动力形式

如果是纯电动汽车，那么驱动汽车行驶的动力就是全部依靠电机，电机的驱动电能来自加装在车上的动力电池。如图 1-1-19 所示，纯电动汽车的驱动系统上不再有传统汽车的内燃机、变速器，取而代之的是位于尾部的动力电池（也称为动力蓄电池、高压电池包等），以及位于原内燃机位置的一个带有电机的驱动单元（也称为变速器）。

如果是混合动力汽车，那么它的驱动系统仍包括传统汽车的内燃机、变速器等部件，但是在驱动的部件上还会多一些部件，这就是增加的电力驱动系统。如图 1-1-20 所示，车辆前舱仍然有内燃机，但是连接内燃机的位置会多一条明显的橙色电缆，以及位于电缆末端的动力电池，这是一个内燃机与电力组合的混合动力汽车驱动系统典型结构。

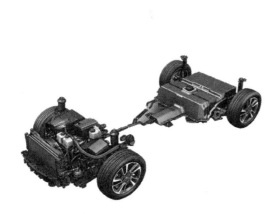

图 1-1-19　纯电动汽车典型驱动结构

图 1-1-20　混合动力汽车驱动系统典型结构

2. 保留了传统汽车的大多数部件

无论是纯电动汽车还是混合动力汽车，从车辆的外观上是很难区分出来的，因为这类新能源汽车仍然是汽车，改进的只是一些从外表上看不到的地方。如图 1-1-21 所示，丰田卡罗拉的传统版和混合动力版，从外观上并不能明显看出混合动力的区别特征。

要注意的是新能源汽车与传统汽车相比，有着类似的车身设计以及汽车的基本设计要素，如行驶系、制动系、转向系、车身电器等。

a) 传统版　　　　　　b) 混合动力版

图 1-1-21　传统版与混合动力版丰田卡罗拉外观

3. 因为驱动系统和运行模式的改变，整车部分系统也做了升级

新能源汽车的动力源不再只是内燃机了，因此虽然新能源汽车是在传统汽车的基础之上诞生的，但是新能源汽车有些系统是不同于传统汽车的，如空调与暖风系统、发电系统以及加注能源的形式等。

（1）空调与暖风方面不同　新能源汽车的空调压缩机一般直接采用电驱动，这有区别于传统汽车通过内燃机曲轴传动带驱动的形式，如图 1-1-22 所示。

a) 传统汽车曲轴传动带驱动压缩机　　　　b) 纯电动汽车高压电驱动压缩机

图 1-1-22　新能源汽车与内燃机汽车空调系统压缩机

在暖风实现的形式上，新能源汽车特别是大多数的纯电动汽车，通常是利用电加热的方式来产生暖风。其中，电加热的方式有两种，一种是通过高压电加热类似传统空调与暖风系统中的冷却液，再经过循环为暖风水箱提供热量；另一种是直接通过高压电驱动 PTC 加热器来加热经过蒸发箱的空气实现暖风，如图 1-1-23 所示。

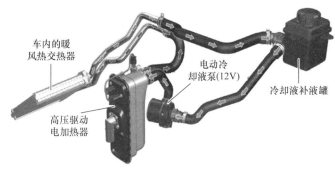

a) 利用高压电加热冷却液再制暖方式　　　　b) 利用PTC加热器直接加热进风空气制暖方式

图 1-1-23　纯电动汽车暖风加热系统

这里所说的 PTC 加热器又称为暖风加热器，是正温度系数的加热器英文缩写。PTC 加热器是汽车制造热风的主要来源，它最大的优势就是发热速度快、温度高（可控）、使用方便，该部件安装于暖风蒸发箱总成内部。

（2）全车车身电器供电的电源不同　新能源汽车通常不再设计有发电机，车载电器设备供电和 12V 蓄电池的充电都是由车辆上的动力电池来提供的。例如，纯电动汽车在运行过程中，动力电池通过一个 DC–DC 变换器，将高电压转换成 12V 的低电压为蓄电池和车载电器提供 12V 电源，如图 1-1-24 所示。

a) 纯电动汽车12V电源系统的转换过程　　　　b) 纯电动汽车的DC-DC变换器

图 1-1-24　纯电动汽车车载 12V 充电系统

（3）补充能源的形式不同　如果是纯电动汽车，行驶车辆的能源主要是通过外部电网提供的电能，而如果是混合动力汽车，其行驶车辆的能源有来自电网的电能，也有传统汽车使用的燃油，这就不同于传统汽车仅仅是依靠燃油来驱动车辆的了。图1-1-25所示为新能源汽车通过外部电网充电获取能源及充电的方式。

图1-1-25　新能源汽车通过外部电网充电获取能源及充电的方式

六、新能源汽车识别

1. 新能源汽车外观特征和类型识别

一般情况下，从外观的标识上就能判断该新能源汽车是传统汽车、纯电动汽车或是混合动力汽车。

1）如果是纯电动汽车，通常车辆上标识有 EV 等字样，如图1-1-26所示。

2）如果是混合动力汽车，在汽车的尾部标识通常有 Hybrid 或 H 类字样，如图1-1-27所示。

3）针对纯电动汽车和插电式混合动力汽车，需要通过外部充电的方式来获取电能，因此可以通过充电口这个特征进行判别，如图1-1-28所示。

图1-1-26　纯电动汽车标识

图1-1-27　混合动力汽车标识

图1-1-28　外部充电

2. 新能源汽车主要部件位置识别

警告：请勿触摸带高压警告标识的任何部位！

（1）打开前机舱盖　打开新能源汽车前机舱盖，如果是纯电动汽车，将不再有内燃机，取而代之的是驱动电机的控制器，以及用于充电或者分配电能的一些控制组件，其中最直观的应该是还有很多橙色的高压电缆，如图1-1-29所示。

1）前机舱右侧。以比亚迪e6为例，前机舱右侧的是驱动电机控制器（图1-1-30），主要功能是控制电机，根据不同工况控制电机的正反转、功率、转矩、转速。

2）前机舱左侧。以比亚迪e6为例，前机舱左侧的是 DC-DC 变换器及空调驱动器（图1-1-31）。DC-DC 变换器负责将动力电池316.8V的高压电转换成12V的电源供给整车用电器工作，并且在低压蓄电池亏电时给低压电池充电。

图1-1-29 纯电动汽车（比亚迪e6）前机舱特征

图1-1-30 比亚迪e6驱动电机控制器

（2）打开混合动力汽车前机舱 如果是油电混合动力汽车，将会发现在内燃机的旁边还会有橙色电缆以及用于控制电机的控制器部件。

1）比亚迪秦前机舱。图1-1-32所示为比亚迪秦混合动力汽车的前机舱。

图1-1-31 比亚迪e6 DC-DC变换器及空调驱动器

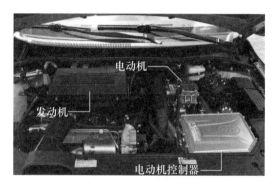

图1-1-32 比亚迪秦混合动力汽车的前机舱

2）丰田普锐斯前机舱。丰田普锐斯混合动力汽车前机舱的右侧金属模块是变频器，主要作用是帮助车内交流与直流电、高压与低压电之间的相互转换。图1-1-33所示为丰田普锐斯的前机舱。

注意：橙色电缆（图1-1-34）为连接变频器的高压线束，请勿随便触摸，防止发生触电危险。

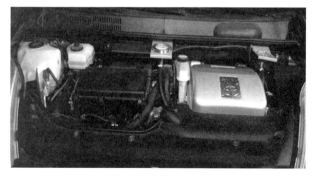

图1-1-33 丰田普锐斯的前机舱

（3）举升车辆或打开行李箱识别动力电池位置

1）纯电动汽车动力电池位置。举升车辆，从车辆的底部可以观察到油电类新能源汽车动力电池的位置。

一般情况下，纯电动汽车由于采用的动力电池体积（容量）较大，因此布置在车辆底部的较多，可以在举升车辆后直接观察到动力电池的位置，如图1-1-35所示。

2）混合动力汽车动力电池位置。对于混合动力汽车，由于搭载的动力电池体积（容量）比纯电动汽车小，通常被布置在行李箱前部区域。如图1-1-36所示，打开丰田普锐斯行李箱，位于行李箱内后排座位下的是全封闭式的镍氢电池。

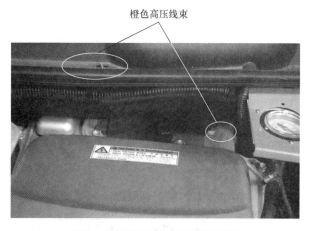

图1-1-34　丰田普锐斯高压线束

图1-1-35　纯电动汽车的动力电池通常布置在车辆底部

图1-1-36　丰田普锐斯混合动力汽车的动力电池位于行李箱内

（4）新能源汽车底盘的其他机构识别　以普锐斯为例，举升车辆还可以看到底盘的其他机构。如图1-1-37所示，变频器的正下方是驱动桥，包含三相交流的电动机、发电机及减速传动机构。

图1-1-37　普锐斯底盘的其他机构

（5）观察仪表区域认识新能源汽车仪表的特点　纯电动汽车的仪表上不再有发动机转速表，取而代之的一般是电动机的输出功率表；混合动力汽车虽然保留了转速表，但是上面通常还会增加一些特殊的具有混合动力标识的指示。

> **注意**：混合动力汽车或纯电动汽车，在起动车辆时，不再像传统内燃机车那样有发动机的振动和声响。确认车辆已经处于起动状态的主要依据是仪表中的 READY 或 OK 指示灯点亮。在 READY 或 OK 指示灯点亮时，将档位从 P 位移出前务必确认车辆运行方向没有行人和障碍物。混合动力汽车和纯电动汽车仪表上的 READY 指示灯如图 1-1-38 所示。

图 1-1-38　混合动力汽车和纯电动汽车仪表上的 READY 指示灯

3. 新能源汽车的主要标识位置查找与内容识别

新能源汽车车辆标识包括：车辆识别代号（VIN）、变速器代号、驱动电机代号、车辆标牌。

新能源汽车主要标识位置如图 1-1-39 所示（以上汽荣威 e50 为例，其他车型可参考）。

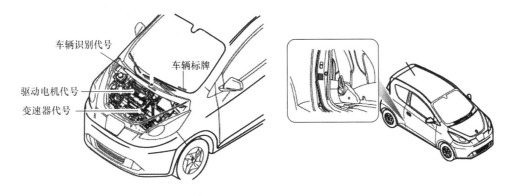

图 1-1-39　新能源汽车主要标识位置

（1）车辆识别代号　也称为"17 位编码"，相当于这辆汽车的"身份证"。位于风窗玻璃左下角的仪表板上，透过风窗玻璃可以清楚地看到。

> **注意**：很多汽车在多个位置都有车辆识别代号，你能在实训车辆的其他位置找到这个代号吗？

（2）变速器代号　打印在变速器前壳体后下部，标示了该车辆变速器的类型，如无级变速器等。

（3）驱动电机代号　打印在驱动电机壳体后下部。通过该电机代号，可以从厂方指定的资料手册中查找出该车辆的电机类型、适用的电压以及主要的电机参数。

（4）车辆标牌　粘贴在右侧车门后框上。车辆标牌包含的信息有车辆型号、乘坐人数、制造年月、制造国、驱动电机功率等，图 1-1-40 所示为荣威 e50 的车辆标牌信息。

此外，在有些车辆的标牌上标识有动力系统控制模块的信息，图 1-1-41 所示为比亚迪 e6 纯电动汽车动力系统控制模块的标牌位置。图 1-1-42 所示为北汽新能源 E150EV 驱动电机与控制器的标牌位置。

图 1-1-40　荣威 e50 的车辆标牌信息

图 1-1-41　比亚迪 e6 纯电动汽车动力系统控制模块的标牌位置

a) 驱动电机控制器

b) 驱动电机

图 1-1-42　北汽新能源 E150EV 驱动电机与控制器的标牌位置

复　习　题

1. 判断题

（1）新能源是指传统能源之外的各种能源形式，包括刚开发利用或正在积极研究、有待推广的能源。　　　　　　　　　　　　　　　　　　　　　　　　　　　　　（　　）

（2）新能源汽车是指纯电动汽车。　　　　　　　　　　　　　　　　　　　（　　）

（3）只有采用非常规的车用燃料作为动力来源的汽车才是新能源汽车。　　（　　）

（4）新能源汽车使用的动力电池不包括铅酸电池。　　　　　　　　　　　（　　）

（5）对于燃料电池汽车和太阳能汽车、超级电容汽车等，能源最终都是转换成电力的形式存储在汽车或者直接通过电机驱动车辆的。　　　　　　　　　　　　　　（　　）

（6）HEV 指油电混合动力汽车，电力输出能量占到电力与内燃机总能量的 25% 左右。

（　　）

2. 单项选择题

（1）插电式混合动力乘用车综合燃料消耗量（不含电能转化的燃料消耗量）与现行的常规燃料消耗量国家标准中对应目标值相比小于（　　）。

  A. 50%　　　　　　B. 60%　　　　　　C. 70%　　　　　　D. 80%

（2）为约束工业国家减少温室气体的排放，1997年由联合国气候变化框架公约制定的公约称为（　　）。

  A.《北京议定书》　B.《巴黎议定书》　C.《东京议定书》　D.《京都议定书》

（3）新能源汽车所带来的环境效益和经济效益表现包括（　　）。

  A. 降低环境污染　　　　　　　　B. 节约能源

  C. 优化能源消耗结构　　　　　　D. 以上都正确

（4）目前国内市场上，混合动力汽车的主流都是（　　）。

  A. 汽油混合动力　　　　　　　　B. 柴油混合动力

  C. 压缩天然气混合动力　　　　　D. 乙醇混合动力

（5）以氢气、甲醇等为燃料，通过化学反应产生电流，依靠电机驱动的汽车称为（　　）。

  A. 纯电动汽车　　B. 混合动力汽车　　C. 燃料电池汽车　　D. 氢气汽车

（6）插电式混合动力汽车电力输出一般较高，占到（　　）。

  A. 35%左右　　　　B. 45%左右　　　　C. 55%左右　　　　D. 65%左右

3. 多项选择题

（1）以下属于新能源的是（　　）。

  A. 太阳能　　　　　　　B. 地热能　　　　　　　C. 风能

  D. 海洋能　　　　　　　E. 生物质能和核聚变能

（2）以下属于常规的车用燃料的是（　　）。

  A. 汽油、柴油　　　　　B. 天然气、液化石油气　　C. 乙醇、甲醇汽油

  D. 氢气　　　　　　　　E. 生物燃油

（3）以下可以归类到电动汽车类型的是（　　）。

  A. 纯电动汽车　　　　　B. 混合动力汽车　　　　　C. 燃料电池汽车

  D. 太阳能汽车　　　　　E. 超级电容汽车

（4）以下属于燃气汽车的是（　　）。

  A. 专用气体燃料汽车　　B. 两用燃料汽车　　　　　C. 双燃料汽车

  D. 甲醇汽车　　　　　　E. 氢气汽车

（5）新能源汽车与传统汽车的区别是（　　）。

  A. 改变了驱动车辆的动力形式

  B. 保留了传统汽车的大多数部件

  C. 因为驱动系统和运行模式的改变，整车部分系统，如空调暖风系统也做了升级

  D. 车身外观变化很大

  E. 销售价格便宜

单元二　新能源汽车基本性能特征与性能评价参数

情境导入

作为新能源汽车专业的学生，你的亲友想买一辆新能源汽车，找你咨询。他是上班族，工资不是很高，购车主要的用途是上下班用，偶尔开车去郊区度假，你能正确对比市场上的新能源汽车，并给予他合理的建议吗？

学习目标

1. 能够描述新能源汽车的基本性能特征。
2. 能够描述新能源汽车的主要性能评价参数。
3. 能够对比分析不同品牌车型新能源汽车的参数并进行评价。

知识学习

一、新能源汽车的基本性能特征

新能源汽车从技术的角度，具有传统汽车无法通过改进内燃机或变速器来获取的基本性能。

1. 节省燃油

如果是纯电动汽车，无须消耗燃油。如果是混合动力汽车，可以优化内燃机运行工况，节省燃油。对汽油燃料的内燃机，最佳的空燃比略大于理论空燃比 14.7∶1。但是如果是单一内燃机动力的汽车，其经常需要运行在加速、爬坡以及冷起动等工况，此时为了追求动力性，其空燃比会偏离最佳空燃比，从而导致油耗增加和排放变差。混合动力汽车其中一个设计方式就是通过驱动电机的动力输出来弥补汽车行驶工况变化时内燃机的不足。通过对车辆驱动线路的改进，让驱动电机的动力根据行驶工况的改变来输出，而让内燃机的运行转速保持稳定，并始终工作在最佳的空燃比附近，如图 1-2-1 所示。

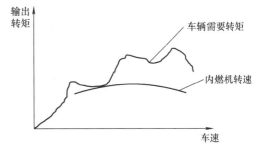

图 1-2-1　内燃机能够在不同工况下保持稳定和空燃比

2. 良好的动力输出性能

如果是纯电动汽车，驱动车辆的驱动部件是电机。电机具有加电后反应快、低速输出转矩大等特点，把这一特性再通过变速器输出到车轮上，汽车表现出起步快，运转平稳流畅，具备无级变速器的优点。

如果是混合动力汽车，其驱动力通常来自内燃机输出动力和驱动电机力，相比于传统汽车仅有一种内燃机动力来源，混合动力汽车能够在车辆急加速的情况下，及时通过调动电机或者增加电机的输出功率的方式来提升输出转矩，增加车辆的动力性。而传统汽车如果需要做到快速加速，就必须通过增加燃油供给，并经过一个完整的吸气、压缩、做功、排气的工作循环，导致输出动力的滞后性。图1-2-2所示为混合动力采用电机辅助来平滑输出转矩的曲线图。

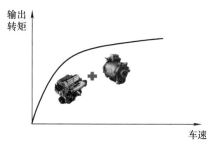

图1-2-2 混合动力采用电机辅助来平滑输出转矩的曲线图

3. 实现自动停机与自动起动控制性能

绝大部分新能源汽车采用自动起停系统，能够轻松实现自动停机与自动起动的控制，如图1-2-3所示。纯电动汽车在停车等待红灯时，只需要关闭供给电机的电能即可实现零能量消耗。采用混合动力的汽车，通常内燃机都会取消了传统的12V起动机，改由驱动电机来直接驱动内燃机的起动。因此，当车辆控制系统监测到不需要内燃机运行的情况下，如当车辆在等待红灯时处于怠速运行情况下，系统将会自动关闭内燃机的运行，需要的时候再通过驱动电机快速、短时间起动内燃机。这样的设计能够进一步降低车辆在怠速时的燃油消耗和尾气排放。

4. 能量利用率更高

传统汽车的能量利用率很低。内燃机从吸入燃油和空气到输出动力，需要经过4个行程，能够把燃油所产生能量的35%用在驱动车辆上已经算是非常高的比例了。

那么能量利用率为什么这么低呢？白白消耗的能量在哪里呢？

如图1-2-4所示，内燃机工作时，很大一部分作为热量被消耗掉了，如需要对内燃机进行水冷，这部分热量能就是不能被利用的。还有就是车辆制动时，有一部分能量被制动摩擦损耗掉。

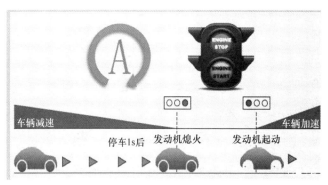

图1-2-3 自动起停工作示意图

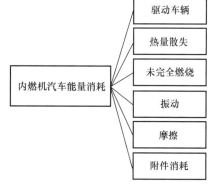

图1-2-4 内燃机汽车能量消耗的主要方式

但是，新能源汽车中的纯电动汽车由于取消了内燃机，因此可以降低如热量散失、未完全燃烧等损失，其有效利用率超过了50%。此外，即使是混合动力汽车，由于通过电力系统的辅助来优化内燃机的工作，有些混合度较高的混合动力汽车可以大部分时间都是使用纯电力驱动,其能量利用率也有大幅提高。

此外,新能源汽车有一个很重要的能量利用方式就是制动能量回收。如图 1-2-5 所示,制动能量回收是指通过连接车辆驱动轴的电机,在新能源汽车需要制动时,先给电机上加载负荷让电机利用这个负荷来发电,逆向拖动车辆制动的一种方式。制动能量回收可以有效降低因制动导致的摩擦能量消耗。

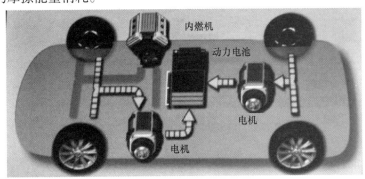

图 1-2-5 制动能量回收路径

二、新能源汽车的性能评价参数

传统汽车的性能评价参数包括:动力性、燃油经济性、制动性、操控稳定性、平顺性以及通过性等。对于新能源汽车,又该如何去正确评价它的好坏呢?

实际上,新能源汽车是传统汽车与新能源的组合,因此在评价新能源汽车时还是参考传统汽车的参数来进行科学的评定,区别是有些评定参数的实验方法根据新能源汽车的特性进行了修订。

作为汽车应用工程领域,我们对新能源汽车的性能评定同时还会结合市场上大众的习惯性认知来评价。这些评价参数主要包括新能源汽车的续驶里程、驱动功率、充电时间以及使用的方便性。使用的方便性通常指的是汽车与外部的互联性能。新能源汽车的评价参数如图 1-2-6 所示。

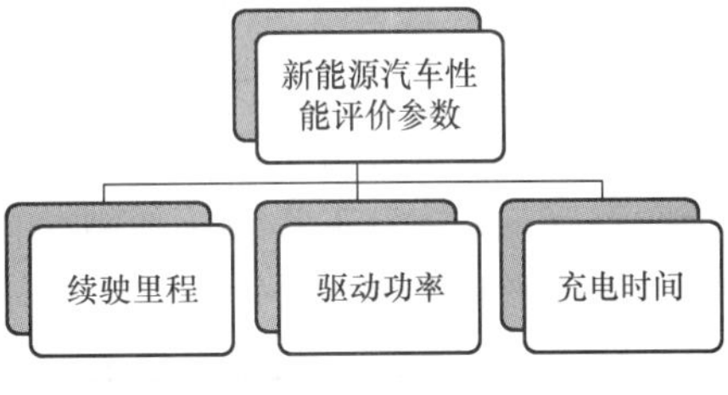

1. 续驶里程

续驶里程是新能源汽车首要的参数。对于纯电动汽车,续驶里程是指电动汽车在动力电池完全充电状态下,以一定的行驶工况,能连续行驶的最大距离,以 km 作为单位。

图 1-2-6 新能源汽车的评价参数

对于纯电动汽车,续驶里程关系着车主的使用经济利益,也关系着整车的技术性能。图 1-2-7 所示的 2017 款江淮 iEV6 纯电动汽车的续驶里程在 60km/h 车速下是 205km,在综合工况下是 170km。

对于混合动力汽车,续驶里程分成两部分,包括纯电动续驶里程和燃油续驶里程。纯电动续驶里程同样也是衡量一辆混合动力汽车的重要指标参数,如荣威 e550 混合动力汽车(图 1-2-8)的纯电动续驶里程为 56km。早期有些学者曾以纯电动续驶里程来对混合动力汽车进行分类,纯电动续驶里程越大的混合动力汽车被认为是性能更加优越的。此外,我国目

图 1-2-7 江淮 iEV6 纯电动汽车及参数

前对新能源汽车混合动力的补贴也是以纯电动续驶里程为基准的。

续驶里程受多种因素的影响，包括外部因素和内部因素。

外部因素指的是车辆外部的运行环境对车辆的影响。例如路况差对续驶里程有负面影响；道路的坡度越大，耗电量也越大，续驶里程越小；风力的风向和大小，迎风状态下会影响到续驶里程；车辆行驶时的气温以及道路温度也会影响汽车动力电池的放电状态（图1-2-9），从而影响续驶里程；此外，道路的种类、交通拥挤状态甚至驾驶人的驾车习惯都会影响到续驶里程。

图 1-2-8 荣威 e550 混合动力汽车

内部因素主要是指车辆自身的设计部件参数，其中最主要的是车辆设计动力电池容量与技术性能，此外还包括车辆本身的质量以及对能量的利用率等。

以下主要针对影响续驶里程的首要因素（即动力电池）来进行介绍。评价和衡量动力电池性能的指标主要是动力电池的容量、动力电池的类型以及动力电池的电压等。

（1）动力电池的容量　动力电池的容量一般指的是电池的额定容量，又称为公称容量，是指在规定条件下测得的，由制造商给定的蓄电池容量。这个参数表征了动力电池储存能量的能力。

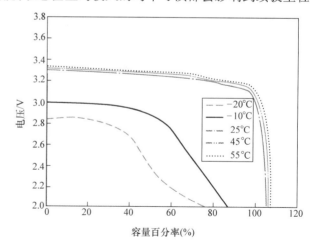

图 1-2-9 不同温度下的放电曲线

对于单体电池，电池容量的单位是 A·h，用 C 表示。而针对新能源汽车整个大电池组，一般不会参考单体电池容量 A·h 这个单位，原因是 A·h 很难直观地表征电池能力的大小。如 150A·h 的电池到底能让车辆行驶多少千米呢？

在新能源汽车中，利用 kW·h 这个单位去衡量电池容量的大小。kW·h 这个单位也就是我们常说的"度"，如 10kW·h 就是指 10 度电。当有了"度"的概念后，我们就能判断出来电量的大小了。因为"度"在实际生活中很常用，10 度电就是 100W 灯泡点亮 100h 的能量。

如果一辆纯电动汽车的动力电池容量标注了 24kW·h，我们就可以粗略判断它可以提供约 200km 的续驶里程（一般的纯电动汽车百千米电耗在 13kW·h 左右）。

（2）动力电池的类型 动力电池作为新能源汽车特别是纯电动汽车能源提供装置，是最为核心的部件。目前，动力电池的能量密度、循环寿命、技术成熟度以及成本等关键性指标成为制约电动汽车大规模产业化的因素，动力电池在整个新能源汽车特别是纯电动汽车中的成本约占到 30% 以上。

目前市场上主流的动力电池类型有：铅酸电池、镍氢电池、锂电池。

1）铅酸电池。铅酸电池一般在传统汽车的起动蓄电池（图 1-2-10），以及一些价格较便宜的低速电动汽车上使用。其中，电动汽车上使用很多的是铅酸电池中的胶体电池，它与一般铅酸电池的区别在于胶体电池内的电解液采用了胶体材料吸附技术，一般采用超细玻璃纤维棉吸附电池中的电解液，然后再放置于电池极板之间。在相同的体积下，胶体电池能够存储比一般铅酸电池大约多 20% 的电量。此外，胶体电池的寿命也比一般铅酸电池长。

图 1-2-10 铅酸蓄电池

需要特别说明的是，虽然铅酸电池也可以作为动力电池使用，但由于其容易造成污染等原因，根据我国的相关法规，铅酸电池不再被列为新能源汽车动力电池的范畴。

2）镍氢电池。镍氢电池（Nickel–Metal Hydride Battery）的正极活性物质主要由镍制成，负极活性物质主要由储氢合金制成，是一种碱性电池。

在 20 世纪 80 年代，市场上出现了两种类型的镍氢电池，即高压镍氢电池和金属氢化物镍电池。由于镍氢电池的安全可靠性，早期很多纯电动汽车和混合动力汽车采用了该类型电池。

图 1-2-11 所示是普通镍氢电池外形图，图 1-2-12 所示是丰田普锐斯采用的镍氢电池外形图。

产品名称:800mA·h AAA镍氢电池

图 1-2-11 普通镍氢电池外形图

3）锂电池。锂电池是一类由锂金属或锂合金为负极材料、使用非水电解质溶液的电池。锂电池大致可分为两类：锂金属电池和锂离子电池。

锂电池主要出现在 20 世纪 90 年代，发展到现在，以锂离子为基础有多种形式的电池，如液态锂离子电池、聚合物锂离子电池等。

早期锂离子电池用于笔记本电脑、手机等电器上，伴随着现在电池管理软件的进步，很多电动汽车也陆续采用锂离子电池了。图 1-2-13 所示是特斯拉采用的 18650 锂电池，18650 即指电池的直径为 18mm、长度为 65mm 的圆柱型电池。

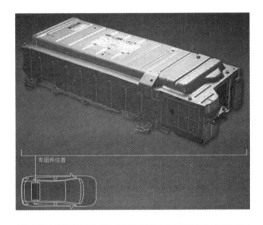

图 1-2-12 丰田普锐斯采用的镍氢电池外形图

图 1-2-13 特斯拉采用的 18650 锂电池

上述三种类型电池的优缺点比较见表 1-2-1。

表 1-2-1 三种类型电池的优缺点比较

电池类型	优点	缺点
铅酸电池	可以大电流进行放电、使用温度范围很宽、可逆性好、原材料来源丰富、制造工艺简便、价格便宜	单位体积存储的电量较少、材料存在污染性且有毒
镍氢电池	单位体积存储的电量多、可快速充放电、低温性能良好、可密封、耐过充过放能力强、安全可靠、对环境无污染、无记忆效应	价格高
锂电池	开路电压高（单体电池电压高达 3.6~3.8V），同体积存储的电量比镍氢电池还要大、循环寿命长、无公害、无记忆效应、自放电小	过充、放电的保护问题，成本很高，不能用大电流放电

（3）动力电池的电压　动力电池的电压在新能源汽车中主要指的是整个动力电池组的电压。这个参数用于衡量电动汽车采用的导线质量以及电池自身容量的大小。

电动汽车动力电池无论是采用什么类型的电池，都是由很多的单体电池进行并、串联组成的（图 1-2-14），这样有利于提高整个电池的容量和输出电压。

电动汽车需要通过提高输出电压来降低从动力电池到驱动电机之间的电能损耗，并减小传递电能导线的尺寸。例如，对于一台 50kW 的电机，如果采用 30V 电压输出，那么额定工作时的输出电流将会是 50kW/30V = 1600A，这需要一根很粗的导线，但是如果能够将电压提高到 300V，那么它的最大输出电流只有 160A。

2. 驱动功率

驱动功率是衡量新能源汽车动力性的重要指标，直接影响到汽车的加速性能和最高车速。

纯电动汽车驱动功率唯一的来源就是驱动电机；而混合动力汽车的驱动功率在纯电动行驶模式下，由电机来提供的，在混合动力驱动模式下，一般是内燃机与电机的组合来提供的。

目前应用在新能源电动汽车中的驱动电机主要有直流电机、异步电机、永磁同步电机和开关磁阻电机四种形式（表1-2-2），其中永磁同步电机作为目前市场上电动汽车的首选驱动电机。

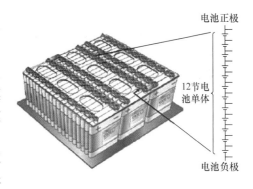

图1-2-14　电动汽车内部动力电池连接特点

表1-2-2　典型电机的性能特征

性能＼类型	直流电机	异步电机	永磁同步电机	开关磁阻电机
转速范围/(r/min)	4000～6000	12000～20000	4000～10000	>15000
功率密度	低	中	高	较高
电机重量	重	中	轻	轻
电机体积	大	中	小	小
可靠性	一般	好	优良	好
结构坚固性	差	好	好	好
控制器成本	低	高	高	一般

驱动电机的参数关系到汽车的动力性能，电机输出功率的大小就类似于传统汽车内燃机的输出功率。输出功率越大，车辆行驶的车速越高；输出转矩越大，加速性能越好。例如，图1-2-15所示的比亚迪腾势纯电动汽车的电机功率达到了86kW，这相当于一台2.0L排量的发动机所输出的功率。

（1）电机功率　电机最大功率是指该车的电机可以实现的最大功率输出，功率的单位为kW。在纯电动汽车上，最大功率往往反映最高车速，用来描述汽车的动力性能，体现电机在瞬间超负荷运转的能力。

电机总功率	86kW
电机总转矩	290N·m

图1-2-15　比亚迪腾势纯电动汽车与电机参数

很多纯电动汽车或是混合动力汽车可能会搭载有两台及以上的电机，这主要是因为单一的电机随着功率的提升其体积也会随之增加，出于车辆空间布置的考虑一般将两台及以上电机通过合适的齿轮机构进行组合实现动力的整体配合输出。图1-2-16所示为普锐斯混合动力变速器内两台电机的位置。

此外，有的车型还会单独布置前驱电机或后驱电机，即可能会出现一台电机输出的动力仅传递到前轮上，另一台电机输出的动力仅传递到后轮上的情况，如图1-2-17所示。

图 1-2-16 普锐斯混合动力变速器内两台电机的位置

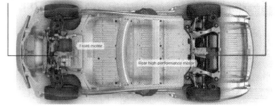

图 1-2-17 前、后驱动电机

（2）电机转矩 电机最大转矩也是电机最重要的参数，常用单位为 N·m。电机最大转矩与电机的转速和功率有关，在功率一定的情况下，扭力越大转速就越低，扭力越小转速就越高。纯电动汽车中对电机最大转矩比较看重，因为低速转矩较大的车辆，其加速性能就会越好。电机转矩关系图如图 1-2-18 所示。

3. 充电时间

新能源汽车还有一个很重要的参数就是充电时间，是指采用指定的方式，对一辆动力电池电量处于最低状态的新能源汽车进行充满电所需要的时长。充电时间的长短也已经影响到消费者购买新能源汽车的车型选择了。

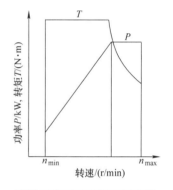

图 1-2-18 电机转矩关系图

充电时间的长短与很多因素有关，这既包括车辆本身的电池容量、设计的充电方式，也包括充电时的环境因素。但是，影响充电时间最重要的因素是车辆本身的设计因素，如电池容量和充电方式。总的说来电池容量越大，其相对应的充电时间也就会越长。

大多数的纯电动汽车快充需要 30min 可充 50%，1~1.5h 就充满了，慢充需要 6~12h。表 1-2-3 是几种典型的纯电动汽车充电时间比较。

表 1-2-3 典型的纯电动汽车充电时间比较

比亚迪 e6 2016 款 400 豪华型	荣威 e50 2015 款标准型	北汽 EV 系列 2015 款 EV200 轻快版
快充 1.5h，慢充 8h	快充 30min 充 80%，慢充 6~8h	快充 1h，慢充 8~9h

充电方式分为快充和慢充。这里所说的快充与慢充有两种解释：

第一种解释是：早期的快充一般指的是采用直流的方式进行充电，即给车辆充电的是外部的充电桩，充电桩会将一个 220V 的电网电直接转变成与车辆内动力电池相同的电压直流电，通过车辆上设计的直流充电接口就可以直接给内部的动力电池进行直流充电了。这种充电方式形式直接，充电电流大，因此充电时间相对短。如图 1-2-19 中左侧的快速充电接口，可以清楚地看到接口的电线是两个很粗的插孔。

慢充指的是利用车辆自身的部件（车载充电器），将外部 220V 电网的电压转变为适合动力电池的直流电压对车辆进行充电。由于车辆自身转变电压受部件功率的影响，因此此类充电的时间较长,我们称之为慢充。如图1-2-19中右侧的普通充电接口,即为慢充接口。

第二种解释是:目前很多纯电动汽车和插电式混合动力汽车只设计了一个充电接口,即国家标准的充电接口(图1-2-20)。在充电的时候,内部转换器采用两种功率输出,对应的充电电流不同,分别为32A和16A,通常把16A的称为"慢充",32A的称为"快充"。

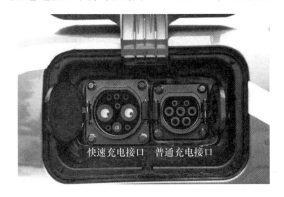

图1-2-19 比亚迪e6的快速充电接口(左侧)和普通充电接口(右侧)

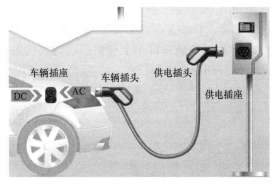

图1-2-20 国家标准的充电接口

4. 百千米耗电量

传统汽车的车主需要支付燃油的费用。而电动汽车需要支付充电的费用。相对于传统汽车的百千米油耗而言,新能源汽车(电动汽车)涉及百千米耗电量。新能源汽车主要电力消耗分布如图1-2-21所示。

新能源汽车百千米耗电量等级如图1-2-22所示。北汽新能源EU260纯电动汽车41.4kW·h能够行驶260km。

例如,以福克斯和北汽EV200为例来对比一下燃油汽车与电动汽车在用车成本方面的差异。按照一年2万km的标准行驶里程计算,计算的费用如下:

油费:以福克斯2014款两厢经典1.8L手动酷白典藏版为例,该车百千米油耗为8.3L,以北京95号汽油7.57元/L的价格计算,油费=行驶里程÷100×百千米油耗×燃油价格。最后算出福克斯2014款两厢经典1.8L手动酷白典藏版2万km的燃油总支出=20000÷100×8.3×7.57元=12566元。

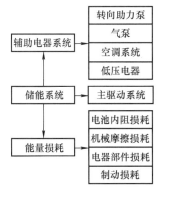

图1-2-21 新能源汽车主要电力消耗分布

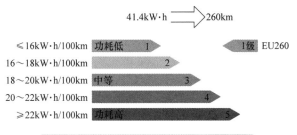

图1-2-22 新能源汽车百千米耗电量等级

电费:按照工业用电约0.8元/kW·h,北汽EV200百千米耗电量为14.5kW·h,电费=行驶里程÷100×百千米耗电量×电价。最后算出北汽EV200一年的电费总支出=20000÷

100×14.5×0.8元=2320元。

两者费用上相差了近1万元。因此,百千米耗电量越低的车辆,其经济性也就越好。

三、新能源汽车的主要生产厂商及代表车型

世界各国的汽车生产厂商都陆续推出新能源汽车,以下列举目前国外和国内新能源汽车生产厂商及代表车型。

1. 国外新能源汽车主要生产厂商及代表车型

国外部分新能源汽车主要生产厂商及代表车型见表1-2-4。

表1-2-4 国外部分新能源汽车主要生产厂商及代表车型

序号	生产厂商	品牌/车型	产品类型
1	特斯拉	Model S/X	纯电动汽车
2	宝马	i3/i8	纯电动汽车
3	大众	Golf GTE	纯电动汽车
4	通用	Volt PHEV	插电式混合动力汽车
5	丰田	PRIUS	插电式混合动力汽车
6	三菱	Outlander PHEV	插电式混合动力汽车
7	雷诺	ZOE	纯电动汽车

2. 国内新能源汽车主要生产厂商及代表车型

国内许多合资合作汽车制造企业、自主品牌汽车制造企业都在大力研发新能源汽车。国内部分新能源汽车主要生产厂商及代表车型见表1-2-5。

表1-2-5 国内部分新能源汽车主要生产厂商及代表车型

序号	生产厂商	品牌/车型	产品类型
1	北汽新能源	E150EV/EV160/EV200/EC180/EU260/EX260	纯电动汽车
2	比亚迪	e5/e6	纯电动汽车
		秦	纯电动/插电式混合动力汽车
		唐	插电式混合动力汽车
3	上汽荣威	e50/e950	纯电动汽车
		e550/eRX5	插电式混合动力汽车
4	重庆长安	CV11	混合动力汽车
5	奇瑞	瑞麒	纯电动汽车
		A5 BSG	油电混合动力汽车
6	江淮汽车	iEV系列(iEV4A/iEV6/iEV7等)	纯电动汽车
7	上汽集团	帕萨特	燃料电池汽车
8	众泰汽车	E200/Z500	纯电动汽车
9	吉利汽车	知豆D2S	纯电动汽车
		帝豪EV300	纯电动汽车
		帝豪HEV	混合动力汽车

3. 常见的新能源汽车及特点介绍

以下介绍常见的国内外新能源汽车车型及特点。

（1）特斯拉（TESLA）纯电动汽车 特斯拉汽车公司（Tesla Motors）是美国一家产销电动汽车的公司，由斯坦福大学硕士辍学生伊隆·马斯克（Elon Musk）与硕士毕业生 JB Straubel 于 2003 年成立，总部设在美国加州的硅谷地带。

特斯拉汽车公司以电气工程师和物理学家尼古拉·特斯拉（Nikola Tesla）命名，专门生产纯电动汽车，生产的几大车型包含 Tesla Roadster、Tesla Model S、Tesla Model X。特斯拉汽车公司是世界上第一家采用锂离子电池的电动汽车公司，其推出的首部电动汽车为 Roadster。

在特斯拉汽车公司中，Model S（图 1-2-23）拥有独一无二的底盘、车身、动力以及能量储备系统，具有自动驾驶、智能空气悬架、车载双充电器等特色。Model S 配置不同的动力电池的性能见表 1-2-6。Model S 的标准充电配备为车载充电器和一个 40A 的单相壁挂式插接器。根据电源，可实现每小时充电行驶里程长达 50km 左右的充电率。

图 1-2-23 特斯拉电动汽车（Model S）

表 1-2-6 特斯拉 Model S 技术参数

配置动力电池/kW·h	输出功率/kW	续驶里程/km	加速时间/s	最高车速/(km/h)
60	283	345（105km/h）	6.2（0~100km）	190
80	283	460（105km/h）	5.6（0~100km）	225

特斯拉 Model X 采用双电机全车轮驱动的标准配备，如图 1-2-24 和图 1-2-25 所示。第二个电机能够使汽车在各种气象和路面条件下都获得更加强劲的转矩和牵引力。Model X 从 0 加速到 96km/h 用时不到 5s，超越最快的 SUV 和许多跑车。

a) 双电机全车轮驱动　　　　b) 后轮驱动

图 1-2-24 特斯拉电动汽车的两种驱动形式

图 1-2-25 双电机全车轮驱动 Model X

（2）丰田普锐斯混合动力汽车 1997 年，丰田（TOYOTA）油电混合动力汽车普锐斯（PRIUS）的问世掀开了混合动力汽车的序幕。新一代普锐斯（图 1-2-26）已经成为领导新时代潮流的混合动力汽车的典范。

THS 是 "Toyota Hybrid System" 的缩写，最早被用于 1997 年 10 月发布的第一代普锐斯上。第二代 THS Ⅱ 的主要总成全部由丰田汽车公司自主开发。通过对电源系统、驱动电机、发电机、电池组等的革新，全面提升了系统性能。系统构成包括：两个动力源（采用高膨胀比循环的高效汽油发动机和输出功率提升至 1.5 倍的永磁式同步交流电动机）及其驱动电机、发电机、内置

图 1-2-26 普锐斯混合动力汽车

动力分离装置的混合动力用变速器、混合动力用高性能镍氢电池组、动力控制总成。

THS Ⅱ 的工作状态与人们所熟悉的将汽油发动机作为动力提供装置的传统汽车不同，普锐斯的动力由两部分组成，除了发动机外还多出了电动机（永磁式同步交流电动机）和混合动力汽车专用蓄电池（密封镍氢电池），这样蓄电池的电力也可以为车辆提供部分动力，达到节省燃油的目的。

在普锐斯的整个行驶过程中，到底是用发动机还是用电机来驱动汽车是要根据车辆的行驶状态来决定的，发动机只有在普通行驶和全面加速的两个阶段中运转，而在减速制动阶段则由车轮来驱动电机，将车辆制动能量转换成电能并进行回收以被再次利用。

普锐斯作为世界首款量产的混合动力汽车，改变了人们对汽车的评判标准。普锐斯通过 THS 油电混合动力系统将汽油发动机与电机进行组合，在达成高水平的燃油经济性和环保性能的前提下，实现了出色的动力性，并创造了舒畅的驾驶乐趣和良好的静谧性。在城市工况下，排量为 1.5L 的普锐斯达到了相当于 2.0L 传统车型的动力性能；而油耗仅相当于 1.0L 的传统汽车。

（3）比亚迪 e6 纯电动汽车、比亚迪秦混合动力汽车 比亚迪 e6 纯电动汽车（图 1-2-27）是比亚迪公司自主研发的一款纯电动跨界车（crossover），它兼容了 SUV 和 MPV 的设计理念，是一款性能良好的跨界车。

比亚迪秦混合动力汽车（图 1-2-28）是比亚迪公司自主研发的 DM 二代（在纯电动和混合动力两种模式间进行切换）的高性能三厢轿车。比亚迪秦自 2012 年北京车展推出后，一直受到广大用户欢迎。

（4）荣威 e50 纯电动汽车、e550 混合动力汽车 荣威 e50 纯电动汽车（图 1-2-29）由上汽集团历时三年自主研发。荣威 e50 纯电动汽车搭载了高性能的电驱动及电控系统，其中包括磷酸铁锂高压动力电池系统、完全自主研发的永磁同步驱动电机、整车热管理系统、电动助力转向系统、电机控制器、车载高压充电器、电动空调压缩机、制动能量回收控制等具有高技术含量的核心部件。

荣威 e50 纯电动汽车的最大续驶里程达到 180km，0~50km/h 加速时间为 5.3s，百千米加速时间为 14.6s，该电池总能量为 18kW·h，具有快充和慢充两种充电模式，一次充电后，荣威 e50 在城市工况下的续驶里程在 120km 以上。

图 1-2-27　比亚迪 e6 纯电动汽车

图 1-2-28　比亚迪秦混合动力汽车

荣威 e550 混合动力汽车（图 1-2-30）采用上汽自主研发的插电式混合动力系统，燃油动力方面使用的是一台 1.5L VCT 发动机。

图 1-2-29　荣威 e50 纯电动汽车

图 1-2-30　荣威 e550 混合动力汽车

（5）北汽新能源纯电动汽车

北汽新能源 E150EV（图 1-2-31）是北京新能源汽车股份有限公司（简称"北汽新能源公司"）吸取了国际前沿的"科技、品质、安全、环保"的造车理念，融汇多年成熟经验，集成国际资源打造的一款精品自主 A0 级轿车。E150EV 定位追求技术潮流的个人用户，为纯电动轿车，该车能耗低，节能效果显著，最高时速为 120km/h，续驶里程为 150～200km。

北汽新能源 EV160（图 1-2-32）是北汽新能源公司于 2015 年 3 月推出的一款纯电动汽车，是一款售价亲民、适合城区普通家庭使用的自主 A0 级轿车。作为

图 1-2-31　北汽新能源 E150EV

E150EV 的垂直换代车型，EV160 轻快版在外观内饰、行驶里程及科技化配置等方面得到了全方位的系统化升级，综合品质得到了大幅提升。EV160 选用普莱德磷酸铁锂电池，电池蓄电量为 25.6kW·h，综合工况下续驶里程超过 160km，经济时速下续驶里程可达到 200km。搭载北汽自主研发的高性能轻量化永磁同步电机，最大功率为 53kW，0～50km/h 加速时间仅为 5.3s，最高车速为 125km/h，性能全面匹敌 2.0L 排量传统汽车。

图 1-2-32　北汽新能源 EV160

北汽新能源 EV200（图 1-2-33）是北汽新能源公司于 2014 年底推出的一款纯电动汽车，是一款集动感时尚、超强性能、科技配置、全面安全、健康环保五大亮点为一体的自主 A0 级轿车。

图 1-2-33　北汽新能源 EV200

EV200 具有超长的续航能力，综合路况下续航里程可超 200km，经济时速下续驶里程可达 260km。即使是在北京这样的超大城市，该续航能力也完全能满足日常出行。该款车型已于 2015 年 3 月 20 日上市，上市短短半年时间，便在业界赢得良好口碑，因销售火爆，一度被媒体称为"一车难求"。

复　习　题

1. 判断题

（1）混合动力汽车续驶里程包括纯电动续驶里程和燃油续驶里程两部分。　　　（　　）

（2）纯电动续驶里程越大的混合动力汽车被认为是性能更加优越的。　　　　　（　　）

（3）驱动功率是衡量新能源汽车动力性的重要指标，直接影响汽车的加速性能和最高

车速。（　　）

（4）交流电机作为目前市场上电动汽车的首选驱动电机。（　　）

（5）纯电动汽车或是混合动力汽车只会搭载有1台电机。（　　）

（6）慢充指的是利用车辆自身的部件，将外部220V电网的电压转变为适合动力电池的直流电压对车辆进行充电。（　　）

（7）相对于传统汽车的百千米油耗而言，新能源汽车（电动汽车）涉及百千米耗电量。（　　）

（8）作为生产车用电池背景的公司，比亚迪公司只生产纯电动汽车。（　　）

2. 单项选择题

（1）新能源汽车首要的参数是（　　）。
A. 续驶里程　　B. 驱动功率　　C. 充电时间　　D. 使用的方便性

（2）纯电动汽车和混合动力汽车续驶里程的首要因素是（　　）。
A. 车身重量　　B. 动力电池　　C. 驱动电机　　D. 充电时间

（3）纯电动汽车的驱动功率唯一的来源就是（　　）。
A. 动力电池　　B. 驱动车轮　　C. 驱动电机　　D. 控制器

（4）真正影响新能源汽车充电时长的应该是车辆本身的设计因素，总的来说电池容量越大，其相对应的充电时间也就会（　　）。
A. 越短　　B. 越长　　C. 不一定　　D. 以上说法都错误

（5）特斯拉公司代表车型是（　　）。
A. 混合动力汽车　　B. 纯电动汽车　　C. 太阳能汽车　　D. 燃料电池汽车

（6）世界首款量产的混合动力汽车是（　　）。
A. 比亚迪秦　　B. 荣威e550　　C. 北汽新能源
D. EV200　　E. 丰田普锐斯

3. 多项选择题

（1）新能源汽车从技术的角度，具有传统汽车无法通过改进结构来获取的基本性能，包括（　　）。
A. 节省燃油
B. 良好的动力输出性能
C. 实现自动停机与自动起动控制性能
D. 能量利用率更高
E. 降低制造成本

（2）新能源汽车的性能评价参数主要包括（　　）。
A. 续驶里程　　B. 驱动功率　　C. 充电时间
D. 使用的方便性　　E. 销售价格

（3）动力电池性能参数评价和衡量的指标主要是（　　）。
A. 动力电池的容量　　B. 动力电池的类型　　C. 电池电压
D. 电池的重量

（4）目前应用在新能源电动汽车中的驱动电机主要有（　　）。
A. 直流电机　　B. 交流电机　　C. 异步电机
D. 永磁同步电机　　E. 开关磁阻电机

单元三　新能源汽车政策法规、标准与发展

情境导入

在北上广深等汽车限牌的城市，购买新能源汽车不用"摇号"还有补贴；在汽车科技发展推动和国家的支持下，新能源汽车最终能够替代传统汽车吗？关于新能源汽车的这些话题，你了解多少呢？我们一起来学习吧！

学习目标

1. 能够描述新能源汽车政策与法规。
2. 能够描述新能源汽车国家标准。
3. 能够描述新能源汽车现状与发展趋势。

知识学习

一、新能源汽车的政策与法规

2015年5月19日，国务院印发的《中国制造2025》将"节能与新能源汽车"作为重点发展领域。工业和信息化部指出，在新能源汽车方面的首要目标是到2020年，自主品牌纯电动和插电式新能源汽车年销量突破100万辆，在国内市场占70%以上。到2025年，与国际先进水平同步的新能源汽车年销量300万辆，在国内市场占80%以上。因此，可以预见新能源汽车在国家政策支持下，未来将有一轮高速发展。

1. 国家对新能源汽车的战略规划

虽然汽车排放的尾气是否为雾霾的主要源头，还有很多争论，但通过新能源汽车的推广，取代传统燃油汽车，逐步减少汽车排放对环境的污染，同时降低能源消耗，已经成为政府施政共识。为了促进新能源汽车的发展，国家对新能源汽车进行了以下的战略规划。

（1）指导思想及基本原则　贯彻落实发展新能源汽车的国家战略，以纯电驱动为新能源汽车发展的主要战略取向，重点发展纯电动汽车、插电式（含增程式）混合动力汽车和燃料电池汽车，以市场主导和政府扶持相结合，建立长期稳定的新能源汽车发展政策体系，创造良好发展环境，加快培育市场，促进新能源汽车产业健康快速发展。

创新驱动，产学研用结合。新能源汽车生产企业和充电设施生产建设运营企业要着力突破关键核心技术，加强商业模式创新和品牌建设，不断提高产品质量，降低生产成本，保障产品安全和性能，为消费者提供优质服务。

政府引导，市场竞争拉动。地方政府要相应制定新能源汽车推广应用规划，促进形成统一、竞争、有序的市场环境。建立和规范市场准入标准，鼓励社会资本参与新能源汽车生产和充电运营服务。

双管齐下，公共服务带动。把公共服务领域用车作为新能源汽车推广应用的突破口，扩大公共机构采购新能源汽车的规模，通过示范使用增强社会信心，降低购买及使用成本，引导个人消费，形成良性循环。

因地制宜，明确责任主体。地方政府承担新能源汽车推广应用主体责任，要结合地方经济社会发展实际，制定具体实施方案和工作计划，明确工作要求和时间进度，确保完成各项目标任务。

（2）加快充电设施建设

1）制定充电设施发展规划和技术标准。完善充电设施标准体系建设，制定实施新能源汽车充电设施发展规划，鼓励社会资本进入充电设施建设领域，积极利用城市中现有的场地和设施，推进充电设施项目建设，完善充电设施布局。电网企业要做好相关电力基础网络建设和充电设施报装增容服务等工作。图 1-3-1 所示为新能源汽车配套的充电设施。

图 1-3-1　新能源汽车配套的充电设施

2）完善城市规划和相应标准。将充电设施建设和配套电网建设与改造纳入城市规划，完善相关工程建设标准，明确建筑物配建停车场、城市公共停车场预留充电设施建设条件的要求和比例。加快形成以使用者居住地、驻地停车位（基本车位）配建充电设施为主体，以城市公共停车位、路内临时停车位配建充电设施为辅助，以城市充电站、换电站为补充的，数量适度超前、布局合理的充电设施服务体系。研究在高速公路服务区配建充电设施，积极构建高速公路城际快充网络，如图 1-3-2 所示。

3）完善充电设施用地政策。鼓励在现有停车场（位）等现有建设用地上设立他项权利建设充电设施。通过设立他项权利建设充电设施的，可保持现有建设用地已设立的土地使用权及用途不变。在符合规划的前提下，利用现有建设用地新建充电站的，可采用协议方式办理相关用地手续。政府供应独立新建的充电站用地，其用途按城市规划确定的用途管理，应采取招标拍卖挂牌方式出让或租赁方式供应土地，可将建设要求列入供地条件，底价确定可考虑政府支持的要求。供应其他建设用地需配建充电设施的，可将配建要求纳入土地供应条件，依法妥善处理充电设施使用土地的产权关系。严格充电站的规划布局和建设标准管理。

严格充电站用地改变用途管理，确需改变用途的，应依法办理规划和用地手续。

图1-3-3所示为居民小区配套的新能源汽车服务设施。

图1-3-2 高速公路及城市配套的服务设施

图1-3-3 居民小区配套的新能源汽车服务设施

4）完善用电价格政策。充电设施经营企业可向电动汽车用户收取电费和充电服务费。2020年以前，对电动汽车充电服务费实行政府指导价管理。对向电网经营企业直接报装接电的经营性集中式充电设施用电，执行大工业用电价格；对居民家庭住宅、居民住宅小区等非经营性分散充电桩按其所在场所执行分类目录电价；对党政机关、企事业单位和社会公共停车场中设置的充电设施用电执行一般工商业及其他类用电价格。电动汽车充电设施用电执行峰谷分时电价政策。将电动汽车充电设施配套电网改造成本纳入电网企业输配电价。

5）推进充电设施关键技术攻关。依托国家科技计划加强对新型充电设施及装备技术、前瞻性技术的研发，对关键技术的检测认证方法、充电设施消防安全规范以及充电网络监控和运营安全等方面给予科技支撑。支持企业探索发展适应行业特征的充电模式，实现更安全、更方便的充电。

6）鼓励公共单位加快内部停车场充电设施建设。具备条件的政府机关、公共机构及企事业等单位新建或改造停车场，应当结合新能源汽车配备更新计划，充分考虑职工购买新能源汽车的需要，按照适度超前的原则，规划设置新能源汽车专用停车位、配建充电桩。

7）落实充电设施建设责任。地方政府要把充电设施及配套电网建设与改造纳入城市建设规划，因地制宜制定充电设施专项建设规划，在用地等方面给予政策支持，对建设运营给予必要补贴。电网企业要配合政府做好充电设施建设规划。

2. 国家促进新能源汽车发展的政策

为加快汽车产业技术进步，着力培育战略性新兴产业，推进节能减排，2015年4月29日，财政部、发展改革委、工业和信息化部和科技部四部委联合下发的新一轮新能源汽车补贴政策正式出台，在之后的5年，补贴额度大幅退坡。

具体的退坡办法是：2017—2020年，除燃料电池汽车外，其他新能源车型补贴标准都实行退坡，其中：2017—2018年补贴标准在2016年基础上下降20%，2019—2020年补贴标准在2016年基础上下降40%。

表1-3-1是2015—2020年国家对新能源汽车补贴的政策。

表 1-3-1　2015—2020 年国家对新能源汽车补贴的政策

2015 年国家新能源补贴				
车辆类型	纯电续驶里程 R（工况）			
	80km≤R<150km	150km≤R<250km	R≥250km	R≥250km
纯电动乘用车（2015 年）	3.15 万元/辆	4.50 万元/辆	5.40 万元/辆	—
包括增程式在内的插电式混合动力乘用车（2015 年）	—	—	—	3.15 万元/辆
车辆类型	补贴标准			
燃料电池乘用车	18.00 万元/辆			
2016 年国家新能源补贴				
车辆类型	纯电续驶里程 R（工况）			
	100km≤R<150km	150km≤R<250km	R≥250km	R≥250km
纯电动乘用车（2016 年）	2.50 万元/辆	4.50 万元/辆	5.50 万元/辆	—
包括增程式在内的插电式混合动力乘用车（2016 年）	—	—	—	3.00 万元/辆
2017—2018 年国家新能源补贴				
车辆类型	纯电续驶里程 R（工况）			
	100km≤R<150km	150km≤R<250km	R≥250km	R≥250km
纯电动乘用车（2017—2018 年）	2.00 万元/辆	3.60 万元/辆	4.40 万元/辆	—
包括增程式在内的插电式混合动力乘用车（2017—2018 年）	—	—	—	2.40 万元/辆
2019—2020 年国家新能源补贴				
车辆类型	纯电续驶里程 R（工况）			
	100km≤R<150km	150km≤R<250km	R≥250km	R≥250km
纯电动乘用车（2019—2020 年）	1.50 万元/辆	2.70 万元/辆	3.30 万元/辆	—
包括增程式在内的插电式混合动力乘用车（2019—2020 年）	—	—	—	1.80 万元/辆
2016—2020 年国家新能源补贴				
车辆类型	补贴标准			
燃料电池乘用车	20.00 万元/辆			

3. 国家已出台新能源汽车的法规和管理办法

随着国家对新能源汽车的日益重视以及社会环境的需要，新能源汽车必将逐步取代传统汽车，汽车行业也将迎来一次史无前例的汽车革命，但是随着新能源汽车渐渐走进人们的生活，国家对新能源汽车出台了哪些法律法规和管理办法呢？

（1）新能源汽车的驾驶资格　很多人误以为电动汽车不用烧油，应该跟老年代步车一样无须驾照便可直接上路，但据交警部门介绍：电动汽车属于四轮机动车，无证开车上路会被依法扣留车辆。只要是在道路上行驶的被认定为"机动车"车辆，都需要驾驶人有驾照。

电动汽车的车长、车宽，都和传统汽车一样，最高时速可达 60km/h，驾驶人必须持有 C 类驾驶证才能上路行驶。

> 提示：交警部门表示老年代步车、老年电动车的车速是参照电动轮椅的国家标准，时速限制在 10km/h。如果超速，或者用来非法营运、载货，都将按照《道路交通安全法》的规定进行处罚。

根据《中华人民共和国道路交通安全法》第九十九条规定，未取得机动车驾驶证、机动车驾驶证被吊销或者机动车驾驶证被暂扣期间驾驶机动车的，处以 200 元以上 2000 元以下罚款，可以并处 15 日以下拘留。如果无证驾驶机动车发生交通事故的，按照交通事故的严重性可能会承担刑事责任。

（2）新能源汽车的牌照　按照国家规定，新能源汽车上牌必须符合工业和信息化部发布的《车辆生产企业及产品公告》相关规定，以及拥有车辆合格证、购车发票、完税证明、交强险等，而未列入《车辆生产企业及产品公告》的汽车，按照规定不能上牌。

据了解，根据《道路交通安全法》及相关法律法规规定，国家对机动车实行登记制度，机动车经公安机关交通管理部门登记后，方可上道路行驶。公安机关交通管理部门对机动车登记的依据之一是列入国家机动车产品主管部门《车辆生产企业及产品公告》的产品。如果市民购买的电动汽车为《车辆生产企业及产品公告》内的产品，也就是在车管所的车辆目录中能够查到信息的汽车，就可以到车管所按照《机动车驾驶证申领和使用规定》中所列的对应车辆，申请相应的准驾车型。符合相关条件的电动汽车上牌手续与普通机动车一样，但是因为现阶段国家政策鼓励，新能源汽车在一线大城市是可以享受不限行及单独摇号池摇号的鼓励政策。

> 提示：城市微型电动汽车，各项指标符合国家相关条件，可以按照规定申领牌照，使得车辆及驾驶更有保障，并且享受免除车辆购置税、不受车牌尾号限制，以及购车补贴等鼓励政策。

4. 新能源汽车政策、法规举例

以下列举 2016 年以来国家相关的新能源汽车政策、法规，供参考。

（1）《新能源汽车推广应用推荐车型目录》　2016 年 1 月 14 日，工业和信息化部发布《新能源汽车推广应用推荐车型目录》（第 1 批），共有 247 款车型进入此次目录。原《节能与新能源汽车示范推广应用工程推荐车型目录》的车型，自 2016 年 1 月 1 日起废止。2017 年全年工业和信息化部累计发布了 12 批次新能源汽车推广应用推荐车型目录，共计 3233 个车型进入，从类型上看，新能源客车进入 1839 个车型，占比 56.9%，不难看出新能源客车是主力产品；新能源专用车进入 990 个车型，占比 30.6%；新能源乘用车进入 404 个车型，占比 12.5%。

（2）《关于"十三五"新能源汽车充电基础设施奖励政策及加强新能源汽车推广应用的通知》　2016 年 1 月 18 日，财政部、科技部、工业和信息化部、国家发展改革委、国家能源局等五部委联合发布《关于"十三五"新能源汽车充电基础设施奖励政策及加强新能源汽车推广应用的通知》，旨在加快推动新能源汽车充电基础设施建设，培育良好的新能源汽车应用环境，2016—2020 年中央财政将继续安排资金对充电基础设施建设、运营给予奖补。

（3）《新能源汽车废旧动力蓄电池综合利用行业规范条件》和《新能源汽车废旧动力蓄电池综合利用行业规范公告管理暂行办法》　2016 年 2 月 4 日，工业和信息化部发布了《新能源汽车废旧动力蓄电池综合利用规范条件》（征求意见稿），要求废旧动力蓄电池综合利用企业建立完整的可追溯体系，包括且不限于废旧动力蓄电池来源、主要参数、拆解检测、综合利用及产品流向等内容，建立废旧动力蓄电池综合利用数据库。

（4）《汽车动力蓄电池行业规范条件》补充通知　通知要求未列入公告的单体蓄电池生产企业和动力蓄电池系统生产企业，在申报《汽车动力蓄电池行业规范条件》时，应按《汽车动力蓄电池产品检验标准目录》要求对典型产品进行检测，并提供具有动力蓄电池检测资质机构出具的检测报告。采用未列入单体动力蓄电池产品目录的动力蓄电池系统生产企业申报时，需同时提交具有动力蓄电池检测资质机构出具的单体产品检测报告。

（5）《新能源汽车碳配额管理办法》（征求意见稿）　2016年8月11日，国家发展改革委办公厅发布《新能源汽车碳配额管理办法》（征求意见稿），明确新能源汽车碳配额，是汽车企业生产（不含出口）和进口的新能源汽车在使用过程中相对于燃油汽车减少的二氧化碳排放量。企业可以通过生产、进口新能源汽车生成新能源汽车碳配额或从碳排放市场交易获取新能源汽车碳配额。该办法自2017年开始试行，2018年正式实施。

（6）《新能源汽车生产企业及产品准入管理规定（修订征求意见稿）》　《新能源汽车生产企业及产品准入管理规定（修订征求意见稿）》在企业准入方面，对比2009年的准入规则主要有八大变化，涉及生产能力和条件、设计开发、生产一致性、售后服务能力等方面，新规则要求更加严格具体。产品准入方面，修订意见稿将新能源汽车产品相关的多项旧标准都更新为最新的标准要求。随着技术和市场的不断发展，产品相关标准在不断修订完善，准入要求随之变化也在情理之中。

（7）《企业平均燃料消耗量与新能源汽车积分并行管理暂行办法（征求意见稿）》　对在中国境内销售乘用车的企业的平均燃料消耗量和新能源乘用车生产情况进行分别考核，从而实现平均燃料消耗与新能源汽车积分并行管理。新能源乘用车占比高的乘用车企业最为受益于该办法的实施：新能源车占比高的车企既能显著降低自身的平均燃耗水平，也可以通过出售新能源车积分提高新能源乘用车的盈利能力。此外，考虑到该项政策推出后，整车厂会加大力度推进传统车的节油减排，节能以及轻量化技术方面具有优势的企业也将受益于该项政策。

（8）《节能与新能源汽车技术路线图》该路线图主要包括：总体技术路线图、节能汽车技术路线图、纯电动和插电式混合动力汽车技术路线图、氢燃料电池汽车技术路线图、智能网联汽车技术路线图、汽车制造技术路线图、汽车动力电池技术路线图、汽车轻量化技术路线图。

（9）"四轮低速电动车技术条件"　四轮低速电动车技术条件国家标准正式立项，标准性质为"推荐"，项目周期为24个月，主管部门为工业和信息化部，归口单位为全国汽车标准化技术委员会，起草单位为中国汽车技术研究中心、上海机动车检测中心。此举标志着四轮低速电动车将迎来国家的规范化政策。

（10）《汽车动力电池行业规范条件（2017年）》（征求意见稿）　2016年11月22日，工业和信息化部发布了《汽车动力电池行业规范条件（2017年）》（征求意见稿）。意见稿明确提出：锂离子动力电池单体企业年产能力不低于80亿W·h，金属氢化物镍动力电池单体企业年产能力不低于1亿W·h，超级电容器单体企业年产能力不低于1000万W·h。

系统企业年产能力不低于80000套或40亿W·h。生产多种类型的动力电池单体企业、系统企业，其年产能力需分别满足上述要求。

二、新能源汽车的国家标准

我国新能源汽车标准的制定工作，是伴随着国内新能源汽车产业化发展而产生的。早在开始新能源汽车的研究开发时，我国就意识到相关技术标准研究的重要性。1998年，全国汽车标准化技术委员会成立了电动车辆标准化分技术委员会，正式开始研究制定我国的新能源汽车标准。我国在制定新能源汽车标准时主要依据国内新能源汽车产业开发和应用的趋势，并参考和借鉴国外相关行业性组织已出台的标准。电动车辆标准化分技术委员会对国外新能源车辆标准化工作进行充分的分析和研究后，将新能源汽车分为纯电动汽车、混合动力汽车和燃料电池汽车三种类型并制定相应标准。因为对这三类新能源汽车研究开发的进度不同，所以相关标准的制定工作也不同步，"九五"期间开始制定纯电动汽车标准，"十五"期间着手制定混合动力汽车标准，"十一五"期间着手制定燃料电池汽车标准。为推动电动汽车商业化发展，我国正加快制定相关基础设施的技术标准。截至2017年，我国已经制定并发布的新能源汽车相关国家标准和行业标准共计42项，其中22项已列为新能源汽车产品准入的专项检验标准，形成了整车、动力电池、驱动电机等相关检测评价和产品认证能力。

1. 纯电动汽车标准

截止2017年，我国已公布的纯电动汽车标准见表1-3-2。

表1-3-2　我国已公布的纯电动汽车标准

标准编号	标准名称
QC/T 744—2006	电动汽车用金属氢化物镍蓄电池
QC/T 743—2006	电动汽车用锂离子蓄电池
QC/T 742—2006	电动汽车用铅酸蓄电池
QC/T 741—2014	车用超级电容器
GB/T 18333.2—2015	电动汽车用锌空气电池
GB/T 4094.2—2005	电动汽车操纵杆、指示器及信号装置的标志
GB/T 24552—2009	电动汽车风窗玻璃除霜除雾系统的性能要求及试验方法
GB/T 24347—2009	电动汽车 DC/DC 变换器
GB/T 20234.1—2015	电动汽车传导充电用连接装置　第1部分：通用要求
GB/T 19836—2005	电动汽车用仪表
GB/T 19596—2004	电动汽车术语
GB/T 18488.2—2015（取代 GB/T 18488.2—2006）	电动汽车用驱动电机系统　第2部分：试验方法
GB/T 18488.1—2015（取代 GB/T 18488.1—2006）	电动汽车用驱动电机系统　第1部分：技术条件
GB/T 18487.3—2001	电动车辆传导充电系统　电动车辆交流/直流充电机（站）
GB/T 18487.2—2001	电动车辆传导充电系统　电动车辆交流/直流电源的连接要求
GB/T 18487.1—2015	电动汽车传导充电系统　第1部分：通用要求
GB/T 18388—2015（取代 GB/T 18388—2001）	电动汽车　定型试验规程

(续)

标准编号	标准名称
GB/T 18387—2008（取代 GB/T 18387—2001）	电动车辆的电磁场发射强度的限值和测量方法　宽带 9kHz~30MHz
GB/T 18386—2005（取代 GB/T 18386—2001）	电动汽车能量消耗率和续驶里程　试验方法
GB/T 18385—2005（取代 GB/T 18385—2001）	电动汽车　动力性能　试验方法
GB/T 18384.3—2015	电动汽车　安全要求　第3部分：人员触电防护
GB/T 18384.2—2015	电动汽车　安全要求　第2部分：操作安全与故障防护
GB/T 18384.1—2015	电动汽车　安全要求　第1部分：车载可充电储能系统（REESS）
GB/T 17619—1998	机动车电子电器组件的电磁辐射抗扰性限值和测量方法
GB/T 11918.1—2014	工业用插头插座和耦合器　第1部分：通用要求
GB/T 28382—2012	纯电动乘用车　技术条件
QC/T 840—2010	电动汽车用动力蓄电池产品规格尺寸
QC/T 1023—2015	电动汽车用动力蓄电池系统通用要求
QC/T 989—2014	电动汽车用动力蓄电池箱通用要求
QC/T 897—2011	电动汽车用电池管理系统技术条件

我国从"九五"期间就开始把纯电动汽车列入国家重大科技产业工程项目并投入大量资金进行研发工作。在"九五"国家重大科技产业工程——"标准的制订"项目中，全国汽车标准化技术委员会电动车辆标准化分技术委员会组织针对"九五"电动汽车开发项目，完成了16项纯电动汽车急需的标准制定工作［其中有两项为国家指导性技术文件（GB/Z）］，这16项标准包括整车、动力电池、电机及其控制器、充电器四大方面（表1-3-3），这也是我国第一批电动汽车标准。随后，我国又陆续修订了这些标准，同时增加制定了操纵件、指示器及信号装置的标志，风窗玻璃除霜除雾系统的性能要求及试验方法，DC-DC变换器，传导充电用接口，仪表及电动汽车术语等标准，初步形成纯电动汽车标准体系。

电动汽车标准体系由三部分组成：第一部分是整车标准，有整车性能、安全要求等；第二部分是电动汽车部件标准，主要是储能装置——动力电池、超级电容器、燃料电池，还有电机及控制器；第三部分是基础设施标准，有能源动力、站车通信及接口、能源补给。

2. 混合动力汽车标准

混合动力汽车是国际上最先得到规模化商业应用的产品。根据国外开发和应用的进展情况，"十五"期间，科技部将发展混合动力技术明确为新能源汽车研究和产业化的重点。在科技部的要求和支持下，混合动力汽车标准的前期研究工作自2002年初启动。截至2017年，我国已出台的混合动力汽车标准主要包括6个整车标准、两个研究报告及3个处于公告中。所有的混合动力汽车标准、研究报告及处于公告中的行业标准中，有5项共用标准、两项轻型混合动力汽车标准、4项重型混合动力汽车标准，见表1-3-3。

表1-3-3　我国已公布的混合动力汽车标准

标准编号	标准名称
GB/T 19750—2005	混合动力电动汽车　定型试验规程
GB/T 19751—2005	混合动力电动汽车安全要求
GB/T 19752—2005	混合动力电动汽车　动力性能　试验方法

(续)

标准编号	标准名称
GB/T 19753—2013	轻型混合动力电动汽车能量消耗量试验方法
GB/T 19754—2015	重型混合动力电动汽车能量消耗量试验方法
GB/T 19755—2016	轻型混合动力电动汽车污染物排放控制要求及测量方法
QC/T 837—2010	混合动力电动汽车类型
QC/T 838—2010	超级电容电动城市客车
QC/T 839—2010	超级电容电动城市客车供电系统

3. 燃料电池汽车标准

"十一五"期间，我国基本建立了燃料电池汽车的研发体系，在整车集成技术、动力平台的成熟性、整车的可靠性方面有了新的提高，部分样车进行了示范运行。在这些基础上，我国启动了燃料电池汽车标准制定工作，制定完成了术语、安全、燃料电池发电系统、加氢车等标准，并开展了加注装置、车载氢系统等标准的研究（表1-3-4）。

表1-3-4 我国已公布的燃料电池汽车标准

标准编号	标准名称
GB/T 24549—2009	燃料电池电动汽车　安全要求
GB/T 24548—2009	燃料电池电动汽车　术语
GB/T 24554—2009	燃料电池发动机性能试验方法
GB/T 23645—2009	乘用车用燃料电池发电系统测试方法
GB/T 23646—2009	电动自行车用燃料电池发电系统　技术条件
GB/T 26779—2011	燃料电池电动汽车　加氢口
QC/T 816—2009	加氢车技术条件
GB/T 26991—2011	燃料电池电动汽车　最高车速试验方法

4. 基础设施技术标准

2009年出台的《汽车产业调整和振兴规划》中提出我国要实施新能源汽车战略，推动纯电动汽车、插电式混合动力汽车及其关键零部件的产业化。电动汽车、氢燃料电池汽车基础设施技术标准的制定，为我国推进电动汽车产业发展奠定了基础，如《电动汽车充电站通用要求》（GB/T 29781—2013）。

5. 动力电池质量标准

标准规定了电动乘用车动力电池（包括蓄电池箱及箱内部件）总质量占整车整备质量的比值不宜大于30%。这是为了保证车辆的使用性能和可承载质量防止因动力电池过重产生性能降低。这一比值的提出也有助于引导我国企业在产品研发过程中应用能量密度高和功率密度高的动力电池。该指标的目的是限制车辆为了提高续驶里程等性能无限量增加动力电池的数量。

6. 轴荷分配

标准规定对于前置前驱动（FF）的车辆，满载时前轴负荷不宜小于55%；对于前置后驱动（FR）的车辆，满载时后轴负荷不宜大于52%；对于后置后驱动（RR）的车辆，满载时后轴负荷不宜大于60%。由于目前很多纯电动乘用车都不是全新设计，而是在现有车型上改装，有可能因蓄电池安装空间问题使整车轴荷分配不合理。

7. 行李箱容积

标准规定对四座及以上车辆，行李箱容积不宜小于$0.3m^2$，防止电动汽车动力电池的布置占用行李箱的空间。

8. 提示性的声响

标准规定"车辆在设计时应考虑车辆起动、车速低于20km/h时能给车外人员发出适当的提示性声响"。

由于电动汽车在行驶过程中没有发动机声音，会给行人等带来安全隐患同，因此提出了应有适当提示性声响。至于提示性声响类型，由企业自行决定。由于这是国际上尚处于研讨的技术，因此目前不硬性规定必须要有该功能。

9. 爬坡性能

标准规定，车辆最大爬坡度应不低于20%，是因为城市道路使用的车辆经常有立交桥、车库进出等较陡路面情况。

10. 续驶里程

标准规定采用工况法测试的续驶里程应大于80km。续驶里程是电动汽车最重要的指标之一。纯电动汽车推向市场的一大阻碍是其较短的续驶里程，但为了增加续驶里程而多装动力电池，又会导致制动性能、轴荷分配、行李箱容积等变化。

在新车油耗与里程测试项目中删除了原有GB/T 18386—2005《电动汽车能量消耗率和续驶里程 试验方法》中规定采用工况法和等速法（60km/h或40km/h）中的等速法。因为在城市中行驶的电动汽车，由于遇红绿灯停车、堵车等不可能是等速行驶，因此采用等速法测试续驶里程是不合理的。现在标准中取消等速法而采用工况法测试续驶里程是合理的。

三、新能源汽车的现状与发展趋势

1. 国外新能源汽车的现状

由于气候变暖、环境污染、能源危机等，新能源汽车的开发早已引起了全球汽车生产厂家的关注，一些著名的汽车公司转向研究和开发新能源汽车。各国政府也相继发布新能源汽车发展战略和国家计划，加大政策支持力度，增加研发投入，全力推进新能源汽车产业化。随着新能源汽车技术瓶颈突破的预期大大增强，新能源汽车产业进入了快速发展的新阶段。

（1）国外纯电动汽车的状况　国外纯电动汽车的主要应用在小型乘用车、大型公交车、市政与邮政等特殊用途车辆。图1-3-4所示为奥迪纯电动汽车。

随着高性能锂离子电池和一体化电力驱动系统等技术的发展应用，纯电动汽车已在续驶里程、动力性、快充等方面取得了可喜的进展。

目前，纯电动汽车的技术攻关重点集中在提高动力电池性能、降低成本方面。与传统的汽车性能、成本比较，要满足产业化要求，纯电动汽车动力电池的比能量需大幅度提高，成本也需大幅度下降。

图1-3-4　奥迪纯电动汽车

（2）国外混合动力汽车的状况　日本最早对混合动力汽车进行研发，并最先实现了产业化。丰田普锐斯（PRIUS）于1997年10月问世，是世界上最早实现批量生产的混合动力汽车。图1-3-5所示为丰田普锐斯混合动力汽车。早期的普锐斯采用镍氢电池，串、并联控制方式，百千米油耗为3.4L。目前，普锐斯已推出第三代产品，采用锂电池作为动力电池，其性能得到大幅度改善。自1997年丰田首先在日本推出普锐斯混合动力汽车以来，其他各大汽车厂家纷纷推出混合动力汽车产品，如本田Insight、通用Saturn VUE、福特Escape等。随着技术的成熟和生产规模的扩大，混合动力汽车成本大幅下降。

图1-3-5 丰田普锐斯混合动力汽车

国际上，混合动力商用车也取得了快速发展，已开发了混合动力公交车、市政用车和军用车等。欧洲客车和货车生产商已将目光聚焦在混合动力技术上。德国奔驰、瑞典沃尔沃和波兰索拉丽斯等相继开发了混合动力商用车。混合动力技术是由单一发动机驱动向纯电动驱动转移的必经环节。合理采用混合动力技术可以较明显地节油减碳，并将成本控制在一定范围内，因此混合动力汽车已成为世界各国汽车公司产业化的重点。随着电池技术的逐步成熟，逐渐提高混合度以实现传统能源向电气化转化，是混合动力技术发展的方向。前期主要为单电机并联、双电机并联和双电机混联等方案，后期将向插电式方案发展，实现向纯电动方案过渡。在动力系统结构方面，混合动力汽车将向更高的集成度发展。根据车用能源的发展情况，有发动机与电机集成、传动系与电机集成两种趋势，从而实现向电动化转型。

（3）国外燃料电池汽车的状况　氢燃料电池汽车是使用液态氢作为汽车的动力电池能源，与大气中的氧发生化学反应，从而产生电能来起动电机，进而驱动汽车。由于燃料电池汽车技术的战略意义十分重大，世界各发达国家和地区都在潜心致力于燃料电池汽车的研究，美国通用与日本丰田、美国国际燃料电池公司与日本东芝、德国奔驰与西门子、法国雷诺与意大利De Nora公司等纷纷组成强大的跨国联盟，优势互补，联合开发并推出了一系列的燃料电池汽车。

近年来，燃料电池出现模块化趋势，单个燃料电池模块的功率被界定在一定的范围之内，通过提高产品性能实现模块化组装，以满足不同车辆对燃料电池功率等级的要求。通过采用混合动力技术，优化蓄电池和燃料电池的能量分配，以有效提高燃料电池的寿命、降低系统成本。燃料电池汽车技术攻关的焦点是提高可靠性、耐久性。目前，美国能源部正在支持几种新型锂离子化学电池的探索性研究，方案涉及对锂合金/高电压正极材料、锂硫电池、锂金属电池/锂聚合物电池的研究等。

2. 国内新能源汽车的现状

2012年7月9日，国务院正式发布了《节能与新能源汽车产业发展规划》（以下简称《规划》），明确以纯电动汽车为新能源汽车发展和汽车工业转型的主要战略取向，《规划》内容明确以纯电驱动为汽车产业未来的重要方向，这也是解决汽车普及过程带来的能源与环境问题的根本性措施，具有战略性意义。

从技术方面来说，我国新能源汽车厂商在动力电池、驱动电机、电控系统三大核心技术上，与国际先进水平仍有较大差距。特别是动力电池技术和混合动力系统，国内除了比亚迪等少数厂商以外，很多厂商不但没有专门的生产线，而且没有量产车型。

我国新能源汽车的动力电池以磷酸铁锂为主,但电池生产技术水平参差不齐。据中国汽车技术研究中心相关人士提供的数据,国内大部分采用磷酸铁锂电池的纯电动汽车,电池容量等参数差距很大,这也限制了新能源汽车的发展。

3. 新能源汽车的发展趋势

随着科学技术的发展,新能源汽车主要有以下发展趋势:

1)突破动力电池技术是关键。作为动力源,现在还没有任何一种电池能与石油相提并论,动力电池已成为限制电动汽车发展的瓶颈。因此,研究和开发不污染环境、成本低廉、性能优良的动力电池,是大量推广使用电动汽车的前提。

2)驱动电机呈多样化发展。美国倾向于采用交流感应电机,其主要优点是结构简单、可靠、质量较小,但控制技术较复杂。日本多采用永磁无刷直流电机,优点是效率高、起动转矩大、质量较小,但成本高,且有高温退磁、抗振性较差等缺点。德国、英国等大力开发开关磁阻电机,优点是结构简单、可靠、成本低,缺点是质量较大,易于产生噪声。

3)纯电动汽车向超微型发展。由于受续驶里程的影响,纯电动汽车向超微型发展。超微型汽车降低了对动力性和续驶里程的要求,充电过程比较简单,车速不高,较适合于市内或社区小范围内使用。

4)采用混合动力汽车作为过渡产品。混合动力汽车是内燃机汽车和纯电动汽车之间的过渡产品,既充分发挥了现有内燃机技术优势,又尽可能发挥电机驱动无污染的优势。

5)燃料电池汽车成为竞争的焦点。燃料电池汽车在成本和整体性能上,特别是续驶里程和补充燃料时间上明显优于其他电池的电动汽车,并且燃料电池所用的燃料来源广泛,又可再生,并可实现无污染、零排放等环保标准。因此,燃料电池汽车已成为世界各大汽车公司21世纪激烈竞争的焦点。燃料电池及氢动力发动机车型被看作是新能源汽车最终的解决方案。

6)开发新一代车用能源动力系统。开发新一代车用能源动力系统,发展新能源汽车。重点发展各种液态代用燃料发动机及其混合动力汽车,并逐步过渡到发展采用生物燃料的混合动力汽车和可充电的混合动力汽车;进一步发展以天然气为主体的气体燃料基础设施,分步建设长期可持续利用的气体燃料供应网络;以天然气发动机为基础,发展各种燃气动力,尤其是天然气/氢气内燃机及其混合动力;发展新一代燃料电池发动机及其混合动力;大力推进动力电池的技术进步,发展适合我国国情的纯电动汽车,尤其是微型纯电动汽车。以城市公交车辆为重点,以点带面,稳步推进新能源汽车的示范与商业化。

7)政府的政策和资金支持加大。政府对加快新能源汽车的发展起着至关重要的作用,政府要加大资金投入和政策引导,汽车企业要加大对新能源汽车研发的力度;同时要加大示范运行范围和力度,为新能源汽车规模化、产业化发展做准备。

复 习 题

1. 判断题

(1)2015年5月19日,国务院印发的《中国制造2025》中提到"节能与新能源汽车"作为重点发展领域。( )

(2)电动汽车不用烧油,应该跟老年代步车一样无须驾照便可直接上路。( )

(3)凡在工业和信息化部发布的《车辆生产企业及产品公告》目录上查询得到车型的

电动汽车，均可在指定地点登记上牌，并按机动车统一规范管理。（   ）

（4）纯电动汽车是新能源汽车在国际上最先得到规模化商业应用的产品。（   ）

（5）由于受技术水平和经济性的影响，燃料电池汽车短时期内仍无法实现商业化，燃料电池汽车标准的制定工作较其他两类电动汽车缓慢。（   ）

（6）为了提高续驶里程等性能，纯电动汽车应该尽量增加动力电池的数量。（   ）

（7）国家标准规定"车辆在设计时应考虑车辆起动、车速低于20km/h时能给车外人员发出适当的提示性声响"。（   ）

（8）国际上，混合动力商用车也取得了快速发展，已开发了混合动力公交车、市政用车和军用车。（   ）

2. 单项选择题

（1）新能源汽车标准体系中，整车标准除了整车性能外，有（   ）。
  A. 颜色要求　　　B. 安全要求　　　C. 外观尺寸要求　　　D. 速度要求

（2）电动汽车部件标准除了储能装置——动力电池、超级电容器、燃料电池外，还有（   ）。
  A. 保险杠　　　B. 车轮及轮胎　　　C. 灯光系统　　　D. 电机及控制器

（3）动力电池质量标准规定了电动乘用车动力电池（包括蓄电池箱及箱内部件）总质量占整车整备质量的比值不宜大于（   ）。
  A. 10%　　　B. 20%　　　C. 30%　　　D. 40%

（4）为防止电动汽车动力电池的布置占用大量行李箱的空间，国家标准规定对四座及以上车辆，行李箱容积不宜小于（   ）。
  A. $0.2m^3$　　　B. $0.3m^3$　　　C. $0.4m^3$　　　D. $0.5m^3$

（5）近年来，燃料电池出现的趋势是（   ）。
  A. 集成化　　　B. 模块化　　　C. 轻量化　　　D. 节能化

（6）我国新能源汽车的动力电池以（   ）为主。
  A. 铅酸电池　　　B. 镍氢电池　　　C. 磷酸铁锂电池　　　D. 三元锂电池

3. 多项选择题

（1）国家对新能源汽车的战略规划是，以纯电驱动为新能源汽车发展的主要战略取向，重点发展（   ）。
  A. 纯电动汽车　　　B. 插电式（含增程式）混合动力汽车
  C. 燃料电池汽车　　　D. 氢气汽车　　　E. 醇类汽车

（2）电动汽车标准体系由三部分组成，分别是（   ）。
  A. 整车标准　　　B. 部件标准　　　C. 基础设施标准　　　D. 车速标准
  E. 车身标准

（3）新能源汽车基础设施标准，包括（   ）。
  A. 停车位　　　B. 能源动力　　　C. 站车通信及接口　　　D. 能源补给
  E. 设施标识

（4）目前，纯电动汽车的技术攻关重点集中在（   ）。
  A. 提高动力电池性能　　　B. 降低成本方面　　　C. 提供车速　　　D. 外观改进
  E. 降低噪声

（5）国外纯电动汽车的主要应用在（　　）。
A. 小型乘用车　　　　B. 大型公交车　　　C. 市政车辆　　　　D. 邮政车辆
E. 军警用车辆
（6）随着科学技术的发展，新能源汽车主要有以下发展趋势（　　）。
A. 突破动力电池技术是关键　　　　　　B. 驱动电机呈多样化发展
C. 纯电动汽车向超微型发展　　　　　　D. 采用混合动力汽车作为过渡产品
E. 燃料电池汽车成为竞争的焦点

模块二 纯电动汽车与混合动力汽车

单元一 纯电动汽车结构

情境导入

作为一名新能源汽车专业的学生，现在你需要为一位已经购买纯电动汽车的客户详细介绍该车的结构和功能，你能完成这个任务吗？

学习目标

1. 能够描述纯电动汽车的定义与典型特征。
2. 能够描述纯电动汽车的核心技术与技术特性。
3. 能够描述纯电动汽车的类型。
4. 能够描述纯电动汽车的结构。
5. 能够描述纯电动汽车的驱动原理。
6. 能够描述纯电动汽车的运行模式。
7. 能够描述纯电动汽车的辅助电气组成。

知识学习

一、纯电动汽车的定义与典型特征

1. 纯电动汽车的定义

纯电动汽车是指采用动力电池作为驱动能源，使用电机驱动车辆行驶的汽车，其英文缩写是 EV（Electric Vehicle）。由于纯电动汽车的主要驱动能源是动力电池，因此也有缩写成 BEV 的（Battery Electric Vehicle）。图 2-1-1 所示为 2017 款众泰 Z500 纯电动汽车，图 2-1-2 所示为 2017 款北汽 EX260 纯电动汽车。

图 2-1-1　2017 款众泰 Z500 纯电动汽车

图 2-1-2　2017 款北汽 EX260 纯电动汽车

2. 纯电动汽车的典型特征

纯电动汽车与传统汽车相比，其有一些典型的特征：

1）取消了内燃机，改用动力电池加驱动电机的方式来驱动汽车。
2）不再需要加注燃油，改用外部电网对车辆充电。
3）延续使用传统汽车的大部分系统或部件，如转向系统、车身电器等。

二、纯电动汽车的核心技术与技术特性

1. 纯电动汽车的核心技术

纯电动汽车的推广和发展应具备动力电池及管理系统技术、驱动电机及其控制技术、整车控制技术以及能量管理技术四个方面的核心技术。其他关键技术还有：驱动电机额定转速及最高转速的选择、驱动电机额定电压的选择、纯电动汽车传动系统的参数匹配、辅助系统的主要结构等。

（1）动力电池及管理系统技术　纯电动汽车上使用的动力电池（车载电源）发展经过了三代，第 1 代是铅酸电池，技术成熟，成本低，但比能量和比功率低，不能满足纯电动汽车续驶里程和动力性能的需求。第 2 代是高能电池，主要有镍镉（NJ-Cd）、镍氢（Ni-MH）、钠硫（Na/S）、锂离子（Li-ion）和锌空气（Zn/Air）等多种电池，其比能量和比功率都比铅酸电池高，因此大大提高了纯电动汽车的动力性能和续驶里程，但价格比铅酸电池高，有些电池需要复杂的电池管理系统和温度控制系统，各种电池对充电技术有不同要求，电化学电池中的活性物质在使用一定期限后会老化降低功能直至报废，从而使纯电动汽车的制造及使用成本高。第 3 代是飞轮电池与超级电容器，飞轮电池是机械能—化学能—机械能转换的电池，超级电容器是电能—电位能—电能转换的电池，这两种储能器在理论上具有很强的转换能力，充电和放电方便迅速，但目前还处于研制阶段，一些关键技术还有待突破。

动力电池除了提供高压直流电使驱动电机工作外，也是空调系统、制动系统和转向系统

等相关系统工作的电源。动力电池通过 DC-DC 变换器，提供 12V 或 24V 电源，并储存到低压电池组，作为仪表、照明和信号的工作电源。

动力电池管理系统对动力电池组充电、放电时的电流、电压、放电深度、再生制动反馈电流、电池温度等进行控制。如果个别单体电池性能变化后，会影响整个电池组的工作性能，所以需要电池管理系统对整个电池组和单体电池进行监控，保持各个单体电池的一致性。动力电池必须进行周期性的充电，高效率和高速度充电设备是电动汽车必须的辅助设备，可采用地面充电器、车载充电器、接触式充电器或感应式充电器进行充电。

（2）驱动电机及其控制技术　纯电动汽车是利用电机将电能转换为机械能来实现驱动的。驱动电机与驱动系统是纯电动汽车的关键部件。要使纯电动汽车有良好的使用性能，驱动电机应具有调速范围宽、转速高、起动转矩大、体积小、质量小、效率高，并且有动态制动强和能量回收等特性。

电机的种类很多，目前，纯电动汽车用电机主要有直流电机（DCM）、感应电机（IM）、永磁无刷电机（PMBLM）和开关磁阻电机（SRM）等。不同的电机采用的控制理论不同，控制方法也不同，但都是控制电机的转速与旋转方向。电机控制主要采用脉冲宽度调节（PWM）、变频变压调节（VVVF）、矢量控制调节（VC）和直流控制调节（DSC）等方法。

再生制动（能量回收）是电动汽车节能的重要措施，制动时电机可实现再生制动，一般可回收 10%~15% 的能量，有利于延长电动汽车的续驶里程。在电动汽车中，还保留了常规制动系统和 ABS 制动系统，以保证在紧急情况下的制动性能。

（3）整车控制技术　纯电动汽车的管理系统主要是对动力电池组的管理和对电机的控制。将加速踏板和制动踏板的机械位移的行程量转换为电信号，输入中央控制器，通过动力控制模块控制驱动电机运转；计算动力电池组剩余电量和剩余续驶里程；对整个低压的电子、电器装置进行控制；采用各种传感器、报警装置和自诊断装置，对整个动力电池组、功率转换器、驱动电机系统进行监控，并及时反馈信息和报警。

纯电动汽车是高科技综合性产品，除动力电池、驱动电机外，车体本身也包含很多高新技术，有些节能措施比提高电池储能能力还易于实现。采用轻质材料（如镁、铝、优质钢材及复合材料）优化结构，可使汽车自身重量减轻 30%~50%；实现制动、下坡和怠速时的能量回收；采用高弹滞材料制成的高气压子午线轮胎，可使汽车的滚动阻力减少 50%；汽车车身特别是汽车底部更加流线形化，可使汽车的空气阻力减少 50%。

安全保护系统方面，动力电池组具有高压直流电，必须设置安全保护系统，确保乘员、驾驶人和维修人员的安全。电池管理系统必需配备故障自诊断系统和故障报警系统，在电气系统发生故障时自动控制电动汽车不能起动等，防止事故的发生。

（4）能量管理技术　动力电池是纯电动汽车的储能动力源。纯电动汽车要获得非常好的动力特性，必须采用比能量高、使用寿命长、比功率大的电池作为动力源。而要使电动汽车具有良好的工作性能，就必须对动力电池进行系统管理。

能量管理系统是电动汽车的智能核心。一辆设计优良的电动汽车，除了有良好的机械性能、电驱动性能、选择适当的能量源（即电池）外，还应该有一套协调各个功能部分工作的能量管理系统，它的作用是检测单体电池或电池组的荷电状态，并根据各种传感信息，包括力、加减速命令、行驶路况、电池工况、环境温度等，合理地调配和使用有限的车载能量；它还能够根据电池组的使用情况和充放电历史选择最佳充电方式，以尽可能延长电池的寿命。

世界各大汽车制造商的研究机构都在进行电动汽车动力电池能量管理系统的研究与开发。电动汽车电池当前存有多少电能，还能行驶多少千米，是电动汽车行驶中必须知道的重要参数，也是电动汽车能量管理系统应该完成的重要功能。应用电动汽车车载能量管理系统，可以更加准确地设计电动汽车的电能储存系统，确定一个最佳的能量存储及管理结构，并且可以提高电动汽车本身的性能。

在电动汽车上实现能量管理的难点在于，如何根据所采集的每块电池的电压、温度和充放电电流的历史数据，来建立一个确定每块电池还剩余多少能量的较精确的数学模型。

2. 纯电动汽车的技术特性

（1）高电压特性　由于纯电动汽车的能源供给是具有高电压的动力电池，因此车辆上很多系统的设计也是围绕动力电池和高压来实施的。

图 2-1-3 所示为典型纯电动汽车高压部件结构示意图，主要的高压部件有动力电池、逆变器（驱动电机控制器）、驱动单元，还有空调暖风系统的高压压缩机和正温度系数（PTC）加热器等，这些部件都是通过橙色的高压电缆连接起来的。

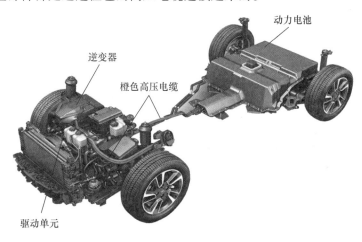

图 2-1-3　典型纯电动汽车高压部件结构示意图

很多车辆在动力电池附近或者靠近逆变器位置都设计有一个高压配电箱（Battery Distribution Unit，BDU）部件，用于将来自动力电池输出的电能并联分配到逆变器、高压压缩机、PTC 加热器以及车载充电器中。BDU 内部主要是继电器和控制电路，由车辆动力系统控制模块根据点火开关或

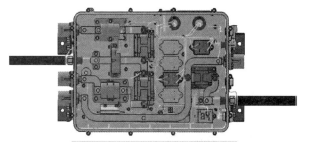

图 2-1-4　比亚迪 e6 车辆的 BDU

充电需求控制对应继电器的接通和断开。图 2-1-4 所示为比亚迪 e6 车辆的 BDU。

纯电动汽车在运行时，动力电池的电能主要去向有以下五个方面：

- 动力电池→BDU→逆变器：为驱动电机提供电能并接收制动能量回收电能。

- 动力电池→BDU→高压压缩机：为车载空调提供制冷。
- 动力电池→BDU→DC-DC变换器：为车辆低压电器提供电源和为12V蓄电池充电。
- 动力电池→BDU→PTC加热器：为车载暖风系统提供加热功能。
- 外部220V电源→车载充电器→BDU→动力电池：使用外部220V电源为动力电池充电。

（2）冷却特性　纯电动汽车很多部件需要保持稳定的工作温度。大多数纯电动汽车设计有以下两个热交换系统：

1）动力电池加热与冷却。动力电池的冷却和加热系统用于维持电池的最佳工作温度。如果是锂电池，它的有效工作温度通常在 -40~+50℃，车辆通常设计有风冷或水冷系统来维持动力电池稳定的工作温度。

风冷的动力电池一般被安装在车辆的底盘位置，当车辆行驶时，通过底盘流动的空气对动力电池进行冷却，没有单独设计其他辅助部件，如图2-1-5所示。

采用水冷的动力电池，会设计有一套较为复杂的冷却回路，如图2-1-6所示。当电池组温度过高时，利用空调系统运行先对电池组的冷却液进行降温，再冷却电池组；当电池组温度过低时，通过加热电池组内的冷却液来让电池组升温。需要注意的是，整个电池组的冷却液都是由电动循环泵来让电池组内冷却液保持循环的。

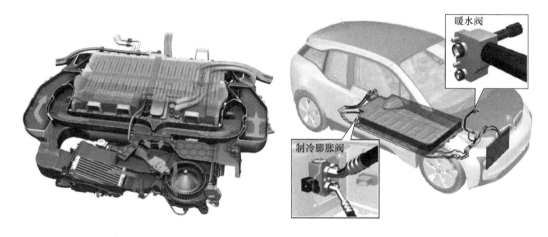

图2-1-5　动力电池风冷结构形式　　　　图2-1-6　动力电池水冷结构形式

2）逆变器与电机的冷却。逆变器和电机的冷却，用于降低逆变器和电机工作时产生的高温，防止部件过热产生功能失效。例如，目前所采用的大多数永磁三相电机，当电机的温度超过一定值以后，其永磁转子的磁性会急剧下降，从而导致电机的输出功率降低。电机或逆变器的冷却通常有两种方式：水冷和风冷。图2-1-7所示为水冷型电机冷却方式结构示意图，电机的外壳设计有冷却水道；图2-1-8所示为风冷型电机冷却方式结构示意图，电机的外壳上设计有很多的散热片。

3）其他部件的冷却。纯电动汽车中其他部件，如DC-DC变换器、车载充电器等部件，由于这些部件在工作时产生的热量较少，因此通常采用风冷的结构形式。如图2-1-9所示的车载充电器，在壳体的上面设计有很多的散热片。

图 2-1-7 水冷型电机冷却方式结构示意图

图 2-1-8 风冷型电机冷却方式结构示意图

图 2-1-9 车载充电器上的散热片

三、纯电动汽车的类型

目前市场上有很多类型的纯电动汽车，为了便于学习和认知，我们根据纯电动汽车的设计特点和性能按如下的几种方式进行分类：

1. 根据纯电动汽车的动力源分类

纯电动汽车的动力源目前有单一车载动力电池和辅助动力源两种类型。

（1）用单一车载动力电池作为动力源的纯电动汽车 该类型纯电动汽车只装置了动力电池，它的动力传输路径如图 2-1-10 所示。

（2）装有辅助动力源的纯电动汽车 用单一车载动力电池作为动力源的纯电动汽车，存在电池的效率较低、电池组的质量和体积较大等问题。因此，在某些纯电动汽车上增加辅助动力源，如超级电容器、惯性储能飞轮或太阳能等，以此改善纯电动汽车的续驶里程。装

图 2-1-10　用单一车载动力电池作为动力源的纯电动汽车动力传输路径

有辅助动力源的纯电动汽车动力传输路径如图 2-1-11 所示。

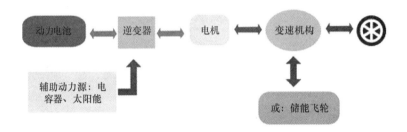

图 2-1-11　装有辅助动力源的纯电动汽车动力传输路径

市场上常见的纯电动汽车主要采用的是单一车载动力电池的方式，如典型的北汽新能源纯电动汽车系列、比亚迪 e6、荣威 e50 等。

表 2-1-1　典型的纯电动汽车

纯电动汽车	实物照片
北汽新能源 EV200	
比亚迪 e6	

（续）

纯电动汽车	实物照片
荣威 e50	

2. 根据纯电动汽车的动力布置形式分类

纯电动汽车根据驱动电机与驱动车轴之间的连接关系，有以下三种布置形式：

（1）替代内燃机布置　替代内燃机布置（图2-1-12）只是将内燃机换成电机，仍然保留了离合器、变速器和驱动桥部分。这种布置可以提高纯电动汽车的起动转矩，增加低速时纯电动汽车的后备功率。

（2）电机齿轮机构集成布置　电机齿轮机构集成布置（图2-1-13）取消了离合器和变速器，但保留减速差速机构，由1台电机驱动两车轮旋转，可以是前驱，也可以是后驱。优点是可以继续沿用当前内燃机汽车中的动力传动装置，只需要一组电机和逆变器。这种方式对电机的要求较高，不仅要求电机具有较高的起动转矩，还要求具有较大的后备功率，以保证纯电动汽车的起动、爬坡、加速超车等动力性。

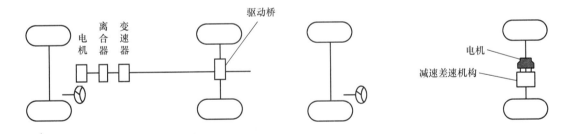

图2-1-12　替代内燃机动力布置形式　　　图2-1-13　电机齿轮机构集成动力布置形式

（3）轮毂电机布置　轮毂电机布置（图2-1-14）是将电机直接装到驱动轴上，直接由电机实现变速和差速转换。这种传动方式同样对电机有较高的要求，要求有大的起动转矩和后备功率，同时不仅要求控制系统有较高的控制精度，还要具备良好的可靠性，从而保证电动汽车行驶的安全、平稳。

市场上常见的纯电动汽车主要采用电机齿轮机

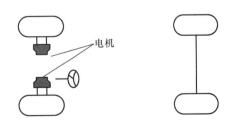

图2-1-14　轮毂电机动力布置形式

构集成动力布置形式，如上面列举的北汽新能源 EV200、荣威 e50 等，其驱动系统结构均如图 2-1-15 所示。

四、纯电动汽车的结构

纯电动汽车与传统汽车相比，有着相同的车身、车载电器系统，以及一些基本的液压制动、转向部件。但是，纯电动汽车也有很多自己所独有的结构部件，这包括驱动系统、车载 12V 电源系统以及外部充电系统。图 2-1-16 所示为一辆典型纯电动汽车结构示意图。

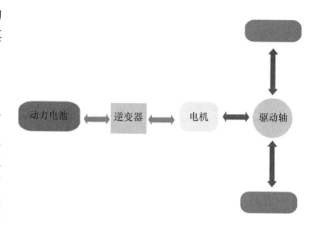

图 2-1-15 纯电动汽车典型驱动系统结构

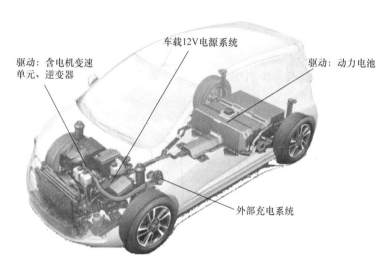

图 2-1-16 典型纯电动汽车结构示意图

纯电动汽车的认知

1. 动力电池

动力电池也称为动力蓄电池、高压动力电池组或高压电池组，用于存储电能。目前市场上的纯电动汽车的动力电池主要采用的是锂电池，包括磷酸铁锂电池、钴酸锂电池以及三元锂电池，能够实现电池的循环充放电。

由于纯电动汽车需要有更大存储容量的电池，而按照目前的锂电池技术，存储容量大电池体积也会相应增大，因此目前大多数的纯电动汽车动力电池组都是安装在车辆的底部，没有过多地占用乘客舱的容积，如图 2-1-17 所示。

动力电池通常由多个单体电池按照串联、并联的方式连接而成，在图 2-1-18 中的动力电池就是由图示 8 个电池模块进行串联而成的。例如，在荣威 e50 的动力电池（图 2-1-19）中包含了 5 个电池模块，其中 3 个大的电池模块分别由 27 个单元组串联的，两个小的电池模块又分别由 6 个单元组串联的，共计形成了 93 个串联的锂电池单元组，实现约 300V 的输出电压。

图 2-1-17 动力电池在汽车中的安装位置

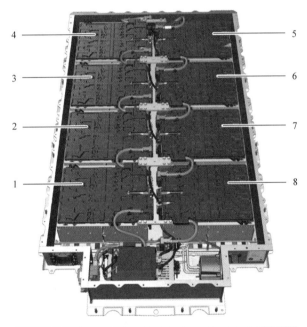

图 2-1-18 纯电动汽车动力电池组安装位置及内部结构

虽然每个电池单元的电压仅 3.7V 左右，但是经过将多个电池单元先进行并联再串联，实现整个电池组的容量和电压进一步增大。

说明：

以下名词通常用于描述动力电池的内部结构部件：

电池单元：构成动力电池的最小单元，一般由正极、负极、电解质及外壳等构成，即我们所常说的一节电池。

电池单元组：一组并联的电池单元组合，该组合额定电压与电池单元的额定电压相等，

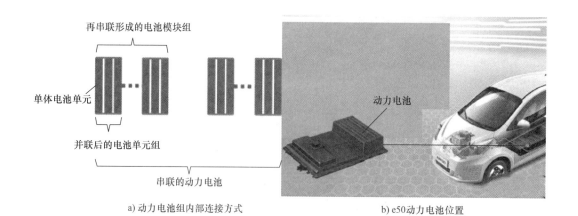

a) 动力电池组内部连接方式　　　　b) e50动力电池位置

图 2-1-19　荣威 e50 动力电池结构示意图

是电池单元在物理结构和电路上连接起来的最小分组。

电池模块：由多个电池单元组或单体电池串联组成的一个组合体。

2. 含电机的变速单元

变速单元是纯电动汽车的动力输出部分，内部主要包括有三相电机和减速齿轮机构，如果是前驱的车辆，该系统部件通常安装在前机舱内。

图 2-1-20 所示为典型的纯电动汽车驱动电机总成结构，在其内部可以看到一个用于驱动的电机和连接电机转子的齿轮机构。此外，更明显的是变速单元的上方还有连接逆变器的三根高压电缆。

图 2-1-20　典型的纯电动汽车驱动电机总成结构

电机是变速单元的重要核心组成部件，用于电能与机械能之间的相互转换。目前大多数纯电动汽车采用三相电机，且三相永磁同步电机使用得最广泛。图 2-1-21 所示为三相永磁同步电机转子与定子。

定子通常是缠绕三相线圈的部分，与变速单元壳体固定。转子一般采用永磁结构，与变速单元输出齿轮机构连接，是旋转输出部分。

a) 定子　　　　　　　　b) 转子

图 2-1-21　三相永磁同步电机转子与定子

3. 逆变器

逆变器是变速单元的主控部件，通常位于电机变速单元的上部，图 2-1-22 所示即为打开前机舱盖时的荣威 E50 纯电动汽车的逆变器部件。

逆变器一端连接来自动力电池的高压电，另一端连接驱动电机单元的三相交流电缆。主要用于将来自动力电池的直流电转换为可用于驱动电机的三相交流电，同时在制动能量回收时，也将来自电机的交流电转换成直流电，反馈给动力电池。大多数车辆将逆变器与控制模块集成在一起，实现逆变器的功能和管理电机的运转。

图 2-1-23 所示为逆变器的内部结构和工作原理。该逆变器的特点是具有控制电机和 DC–DC 变换器的组合功能。此外，在逆变器内部还会并联一条高压线路给空调压缩机供电，用于控制电机的逆变器工作时，在 U、V 和 W 相位连接点处晶体管的作用下，高压动力电池的直流电通过脉宽调制的方式转换为交变连接的三相，每一相的极性都以频率函数的形式进行翻转。为了使电压具有交流电特性，产生正半波或负半波的脉宽调制的宽度为调制后脉宽，并用电容器来滤波。

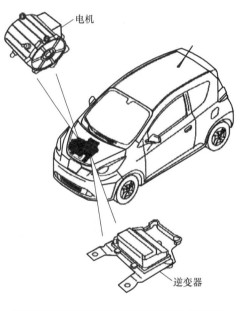

图 2-1-22　电机与逆变器位置关系示意图

4. 车载充电器与充电接口

充电系统通常利用外接 220V 交流电源，通过充电接口进入车载充电器，车载充电器再通过交直流转换，使得 220V 交流电转变成动力电池充电的直流电压提供给动力电池。图 2-1-24 所示为比亚迪 e6 充电接口与车载充电器等充电系统相关的元件位置。

5. DC–DC 变换器

DC–DC 变换器用于车载 12V 电源系统，通常被安装在发动机舱内或者是位于行李箱中。图 2-1-25 所示为比亚迪 e6 的 DC–DC 变换器。DC–DC 变换器将动力电池的高压直流转换为低压 12V 直流电，提供给车载低压用电设备，如给 12V 蓄电池充电、前照灯及车内

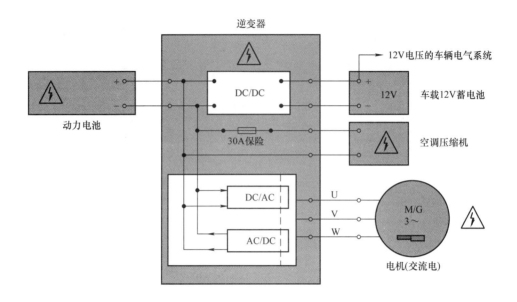

图 2-1-23 逆变器的内部结构和工作原理

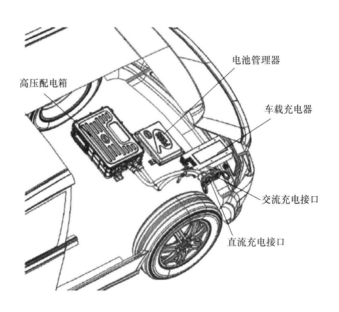

图 2-1-24 比亚迪 e6 充电接口与车载充电器等充电系统相关的元件位置

灯光供电等。

6. 高压电缆

纯电动汽车连接高压电器部件之间的电缆都属于高压电缆，即前面所述的高电压导线。

电缆的外部绝缘层颜色采用标准的橙色。高压电缆及电缆插接器（图 2-1-26）需要满足国家高压电器安全标准，同时由于高压部件之间电流会很大，所以采用的电缆直径都在 5mm 以上。

图 2-1-25 比亚迪 e6 的 DC-DC 变换器

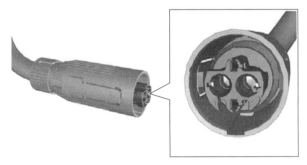

图 2-1-26 高压电缆及电缆插接器

7. 组合仪表

纯电动汽车的仪表设计外观、安装位置与传统汽车相同，但是在仪表指示灯及显示功能上与传统汽车有区别，主要表现在：

- 取消了发动机转速表，增加了功率输出表。
- 取消了原有的燃油位置表，增加了电池电量表。
- 取消了原来与发动机有关的一些故障警告灯，如机油压力、冷却液温度警告灯等，新增动力电池温度、电机温度等警告灯。

虽然纯电动汽车的车型较多，仪表的设计风格也多种多样，但是其内部指示灯及显示的基本参数是相同的。以下以 2014 款比亚迪 e6 仪表及指示灯（图 2-1-27）为例介绍纯电动汽车仪表的特点。

图 2-1-27　比亚迪 e6 仪表及指示灯

比亚迪 e6 仪表设计造型新颖，信息显示内容全面。主要分成指示/警示灯区域、行车电脑区域和娱乐及车辆信息显示区域。仪表采用高清液晶显示屏，体现了数字化时代气息。

其中，与纯电动汽车相关的一些特殊仪表指示灯及显示信息有：

1）电机冷却液温度过高警告灯。如果此灯点亮，表示电机冷却液温度太高，须停车并使电机降温。

在下列工作条件下，电机可能会产生过热现象，例如：

① 在炎热的天气进行长途爬坡。

② 频繁急制动、急加速的状态。

③ 拖曳挂车时。

2）动力系统故障警告灯。当起动按钮处于 ON 档时，此灯点亮。如果动力系统工作正常，则几秒钟后此灯熄灭。此后，如果系统发生故障，此灯将再次点亮。

如果发生下列任何一种情况，则表示由警告灯系统监控的部件中发生故障，须尽快检查维修车辆：

① 当起动按钮处于 ON 档时，此灯不亮或持续发亮。

② 驾驶中此灯点亮。

3）电机及控制器过热警告灯。如果此灯点亮，表示电机温度太高，须停车并使电机降温。

在下列工作条件下，电机可能会产生过热现象，例如：

① 在炎热的天气进行长途爬坡。

② 在停停走走的交通状态，频繁急加速、急制动的状况，或车辆长时间运转得不到休息的状况。

③ 拖曳挂车时。

4）P/S 电动助力转向故障警告灯。当起动按钮处于 ON 档时，此灯点亮。如果电动助力转向系统工作正常，则几秒钟后此灯熄灭。此后，如果系统发生故障，此灯将再次点亮。

如果发生任何一种下列情况，则表示由警告灯系统监控的部件中发生故障，须尽快检查维修车辆：

① 当电源档位打到"ON"位置时，此灯不亮或持续发亮。

② 驾驶中此灯点亮。

5) 动力电池故障警告灯。当起动按钮处于ON档时，此灯点亮。如果动力电池系统工作正常，则几秒钟后此灯熄灭。此后，如果系统发生故障，此灯将再次点亮。

如果发生任何一种下列情况，则表示由警告灯系统监控的部件中发生故障，须尽快检查维修车辆：

① 当起动按钮处于ON档时，此灯不亮或持续发亮。

② 驾驶中此灯点亮。

6) 动力电池过热警告灯。如果此灯点亮，表示动力电池温度太高，须停车降温。

在下列工作条件下，动力电池可能会产生过热现象，例如：

① 在炎热的天气进行长途爬坡。

② 在停停走走的交通状态，频繁急加速、急制动的状况，或车辆长时间运转得不到休息的状况。

③ 拖曳挂车时。

7) 动力电池充电状态指示灯。当动力电池的电量接近用完时此灯点亮，须尽快将动力电池充电。

8) 动力电池充电连接指示灯。当连接充电器后此灯点亮，如要车辆行驶，必须断开充电器。

9) OK OK指示灯。此灯表示车辆各动力系统工作正常，处于可行驶状态。

10) 电池电量表。起动开关打开时，该表指示动力电池的电量。此指示为左右对称布置，左右指示同时变化。

11) 功率表。功率表默认用kW来指示整车的功率，可通过菜单中的单位设置选择功率。在车辆下坡时或靠惯性行驶时，功率指示值可能为负值，表示此时车辆正在进行能量回收。

如果是北汽新能源纯电动汽车，其仪表指示灯如图2-1-28所示。

五、纯电动汽车的驱动原理

传统汽车驱动车辆是依靠内燃机做功，通过变速器调节输出动力的传动比与方向，再通过传动轴和车轮实现驱动车辆。而纯电动汽车的电力驱动系统替代了传统汽车的内燃机和变速器，依靠动力电池、逆变器和电机变速单元实现车辆的驱动。

图2-1-29所示为纯电动汽车基本驱动系统结构示意图。当驾驶人踩下加速踏板时，车辆控制模块将控制动力电池输出电能，然后通过控制逆变器驱动电机运转，驱动电机输出的转矩经齿轮机构带动车轮前进或后退。

1. 基本驱动部件与驱动过程

纯电动汽车驱动系统主要的部件包括有动力电池、逆变器、带有电机的变速单元，图2-1-30所示为典型纯电动汽车驱动系统原理示意图。在新能源汽车应用中，一般将动力电池组和逆变器之间的电路单元称为BDU（Battery Disconnecting Unit）。

纯电动汽车的驱动动力来源是动力电池，但是与传统汽车不同的是，来自动力电池内的

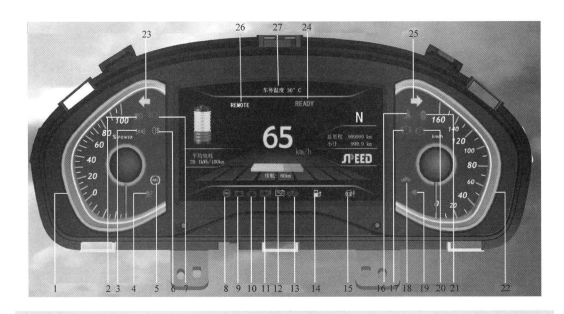

图 2-1-28 北汽 EV160 纯电动汽车仪表指示灯

1—驱动电机功率表　2—前雾灯　3—示廓灯　4—安全气囊指示灯　5—ABS 指示灯　6—后雾灯　7—远光灯　8—跛行指示灯　9—蓄电池故障警告灯　10—电机及控制器过热警告灯　11—动力电池故障警告灯　12—动力电池断开警告灯　13—系统故障警告灯　14—动力电池充电状态指示灯　15—EPS 故障警告灯　16—安全带未系警告灯　17—制动故障警告灯　18—防盗警告灯　19—动力电池充电连接指示灯　20—驻车制动指示灯　21—门开指示灯　22—车速表　23/25—左/右转向指示灯　24—READY 指示灯　26—REMOTE 指示灯　27—室外温度提示

电能并不是总一直处于输出状态，在纯电动汽车中还设计有能够回收车辆制动时无用的能量，并回收到动力电池的机构。

纯电动汽车驱动过程中能量的流动主要有以下两个路径：

（1）驱动车辆　驱动时来自动力电池的能量通过 BDU、逆变器，再进入电机变速单元实现车辆驱动。

（2）回收制动能量　制动或车辆减速时，变速单元内的电机将变成发电机，将能量通过逆变器、BDU 传回动力电池，为电池充电。

2. 主要控制模块

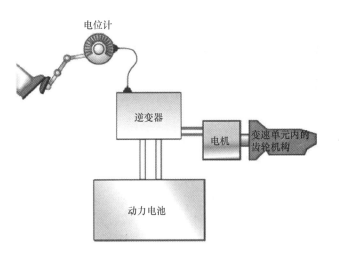

图 2-1-29　纯电动汽车基本驱动系统结构示意图

纯电动汽车能够实现在不同路况环境下，快速反应并顺利驱动车辆满足驾驶人需求，并不仅仅是依靠上述几个驱动部件来完成的，整个驱动系统还需要一套完善的控制模块。即整车控制器（VCU）、电机控制器（MCU）和电池管理系统（BMS），这三个控制器是纯电动汽车的核心技术，对整车的动力性、经济性、可靠性和安全性等有着重要影响。图 2-1-31

模块二 纯电动汽车与混合动力汽车

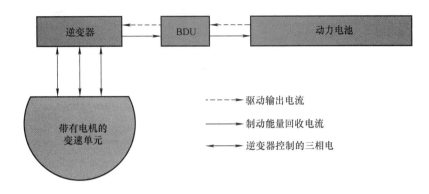

图 2-1-30 典型纯电动汽车驱动系统原理示意图

所示为北汽 E150EV 前舱部件位置，即主要的控制模块和重要部件的安装位置。

图 2-1-31 北汽 E150EV 前舱部件位置

（1）整车控制器（VCU） VCU 通常安装在车身上，如驾驶室内或前机舱。

VCU 是全车动力系统的主控制模块，是实现整车控制决策的核心，类似于传统汽车动力系统控制模块（PCM）的功能。VCU 通过采集加速踏板、档位、制动踏板等信号来判断驾驶人的驾驶意图；通过监测车辆状态（车速、温度等）信息，由 VCU 判断处理后，向动力系统、动力电池系统发送控制命令，同时控制车辆其他系统的运行模式。

（2）电机控制器（MCU） MCU 通常位于逆变器内部。

MCU 是电机的主控制模块，通过接收 VCU 的车辆行驶控制指令，控制电机输出指定的转矩和转速，驱动车辆行驶。MCU 实现把动力电池的直流电能转换为所需的高压交流电，并驱动电机输出机械能。同时，MCU 还会利用传感器采集如下信息，并将运行状态的信息发送给整车控制器（VCU）。这包括：

- 电流传感器：用以检测电机工作的实际电流。
- 电压传感器：用以检测供给逆变器工作的实际电压。
- 温度传感器：用以检测电机控制系统自身的工作温度。

（3）电池管理系统（BMS） BMS通常位于动力电池组总成内部。图2-1-32所示为比亚迪e6纯电动汽车动力电池内BMS的位置。

BMS是动力电池关键的控制模块，用于检测动力电池内单体电池单元的电压、电流，并实现多个电池单元之间的均衡控制。

通常，纯电动汽车内的BMS控制模块只有一个，但是由于动力电池内部由多个电池组串联，因此BMS还会在每个电池组上设计一个接口模块，BMS最后通过管理每个接口模块来实现对整个电池的管理。

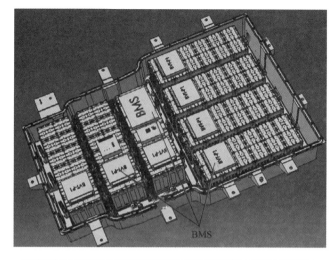

图2-1-32　比亚迪e6纯电动汽车动力电池内BMS的位置

六、纯电动汽车的运行模式

纯电动汽车的运行模式较为简单，主要包括动力运行模式和显示等附属模式。

1. 纯电动汽车的动力模式

纯电动汽车的主控制模块是整车控制器（VCU）。纯电动汽车运行时，由整车控制器采集加速踏板和档位状态信息，来判断驾驶人的驾驶意图，并结合动力系统部件状态，协调动力驱动系统输出动力。另外，整车控制器还会同时协调动力电池、热交换系统运行和仪表显示等辅助功能。

（1）加速前进　整车控制器读取换档信息及制动开关信号，根据加速踏板的位置信号，发送给逆变器控制电机功率、方向的输出。

注意：当外部充电线连接在车上时，系统将禁止车辆移动。

（2）减速与制动　当滑行或者减速时，整车控制器能够进行制动能量的回收。制动能量通过驱动电机转换为电能储存到动力电池中。

注意：当ABS被激活或者ABS故障时，整车控制系统将关闭该功能。

（3）运行中的动力模式管理　整车控制器不间断地利用各个传感器采集车辆状态，计算并输出期望的转矩。

动力电池的BMS随时检测电池的运行状态，并及时传送给整车控制器，控制器结合这些状态信息及当前的功率输出需求来平衡高压电能功率的使用，并通过仪表显示给驾驶人，如图2-1-33所示。

2. 纯电动汽车续驶里程的运行策略

针对城市出行设计的纯电动车辆，大多数车辆的续驶里程都可以达到120km以上。但是，在车辆的实际运行中，整车控制器还会持续计算剩余的电池能量和当前的驾驶模式，根据车辆剩余的可用电能，车辆通常也会采取相应的提示和限制措施。

例如，图示 2-1-34 的宝马 i3 纯电动汽车中，设计有图中所示的电量控制策略，即图显示的动力电池内剩余电量（横坐标百分比表示的电池剩余电量）与车辆的运行模式关系，下面的表格（表 2-1-2）表示了不同电量区域下，车辆采用的运行模式：

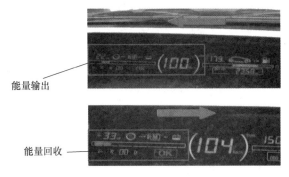

图 2-1-33　比亚迪 e6 动力模式在车辆上的显示

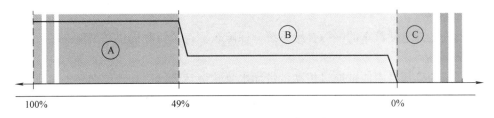

图 2-1-34　宝马 i3 纯电动汽车续驶里程运行模式

表 2-1-2　不同电量区域下车辆采用的运行模式比较表

状态	特点	原因	显示/提醒
区域 A 不受限行驶	可最大限度地进行制动能量回收利用；全部车载电器等均可使用	动力电池充电状态处于最佳范围内	正常功能显示
区域 B 有限驱动功率行驶	降低驱动功率以保护组件；可能无法再提供全部车载电器功能	动力电池电量过低	类似电池电量低提醒符号
区域 C 高压系统已停用	由于高压系统无法再提供能量，因此驱动系统和车载电器不再运行	高压系统切换为无电压	类似电池电量关闭提醒符号
无法进行制动能量回收利用	松开踏板时，不通过电动驱动装置使车辆减速	动力电池无法吸收电能（如已充满电或电池温度不允许）	类似制动能量回收系统关闭提醒符号

七、纯电动汽车的辅助电气组成

纯电动汽车的辅助电气系统包括低压电源系统、充电系统、暖风与空调系统、制动系统、电动转向系统、自动起停系统、车载局域网络系统、车载互联系统，以及其他与传统车辆基本一致的其他辅助电气系统等。

纯电动汽车的汽车电气系统与传统汽车区别如下：

纯电动汽车大多属于乘用车辆范畴，有区别的是在动力驱动系统上纯电动采用了电池加电机的方式来取代传统车辆动力单元的发动机和变速器；或者像混合动力汽车把电机附加在变速器上。

由于动力单元的改变，使得车辆内有些系统也需要发生对应的改变，这将包括电源、充电、冷却、暖风空调以及制动和其他车身辅助系统等。

1. 低压电源系统

没有了内燃机，纯电动汽车上不再有发电机，车辆上用电设备的供电和12V蓄电池的充电，都是由纯电动汽车配置的动力电池通过DC–DC变换器来提供的。

2. 充电系统

充电系统是纯电动汽车的能源补给系统，保障车辆持续行驶提供动力能源。

3. 冷却系统

传统汽车的冷却是由曲轴通过传动带带动水泵轮旋转进行冷却液的循环。由于纯电动汽车没有曲轴传动带驱动，驱动电机和驱动电机控制器的冷却只能依靠一个单独的电动泵来完成冷却液的循环。混合动力汽车的冷却系统则包含内燃机发动机冷却和电机冷却。

4. 暖风与空调系统

纯电动汽车的空调采用电动方式来驱动压缩机，这有别于传统汽车通过内燃机曲轴传动带驱动形式。在暖风实现的形式上，由于没有了内燃机70℃以上热量来源，驱动电机产生的热能又达不到供暖要求，新能源汽车通常是利用电加热的方式来产生暖风。电加热的方式有两种，一种是通过加热冷却液，再经过循环为暖风水箱提供热量，另一种是直接加热经过蒸发箱的空气实现暖风。

5. 制动系统

纯电动汽车的液压制动系统与传统汽车基本组成结构区别不大，但是在液压制动系统的真空辅助助力系统和制动主缸两个部件上存在较大的差异。

纯电动汽车液压制动的辅助助力不再有来自内燃机的真空源，通常需要单独设计一个电动真空泵来为真空助力器提供真空源；或者取消了真空助力器和制动主缸的ECB（电子控制制动）系统，根据传感器收集驾驶人踩制动踏板的程度和所施加的力计算所需的制动力。然后，ECB ECU和制动防滑控制ECU集成在一起，并和液压制动系统通信给车轮施加需要的制动力。

6. 转向系统

由于取消了内燃机，纯电动汽车不再可以通过内燃机驱动液压助力油泵的方式来实现液压助力。因此，大多数纯电动汽车采用电动助力转向系统，即在原机械转向系统基础上安装一个电机，作为转向的辅助动力。

7. 组合仪表

与传统汽车相比，纯电动汽车的组合仪表减少了各种指针，而用纯液晶显示屏代替，在显示的内容上面，有行车电脑显示区域、车速表、续驶里程以及各种指示警告灯等。中间显示车速和行车电脑，仪表的两侧，取消了发动机转数和燃油表指针，换成了电机功率和剩余电量（SOC）。

8. 车身电器

纯电动汽车车身电器包括为全车提供电源的低压电源供给和常规车身电器部件。低压电源供给用于将动力电池的电能通过DC-DC变换器转变为12V低压电源，为车载12V动力电池和车身电器部件提供工作电源；常规车身电器部件包括灯光、中控门锁、信息娱乐系统、电动门窗等。

而传统内燃机汽车则是通过内燃机带动发电机给12V蓄电池充电，来给车身电器部件提供工作电源。

八、纯电动汽车结构识别

以下介绍典型的纯电动汽车结构识别方法。

警告：在没有断开高压线路之前，请勿用手直接触碰前机舱内的高压部件，如果不可避免请借助高压绝缘棒，或者绝缘物质代替。

1. 比亚迪e6结构识别

比亚迪e6为一款新能源、新动力、纯电动乘用车。车身为承载式车身，纵梁为前后贯通式。

动力电池采用磷酸铁锂电池，变速单元及其控制均为比亚迪汽车的核心技术。

e6动力电池组容量为220A·h，使e6满电后能量超过65kW·h，综合工况续驶里程超过300km。此外，75kW电机可以为e6提供高转速、大转矩，e6的百千米加速时间为15s，最高设计车速可达140km/h，百千米电耗控制在20kW·h以内。

（1）e6高压部件位置　车辆前舱主要有逆变器、DC-DC变换器、动力电池、驱动电机的变速单元和驱动轮等；车辆后舱有充电接口、车载充电器、高压配电箱等，如图2-1-35所示。

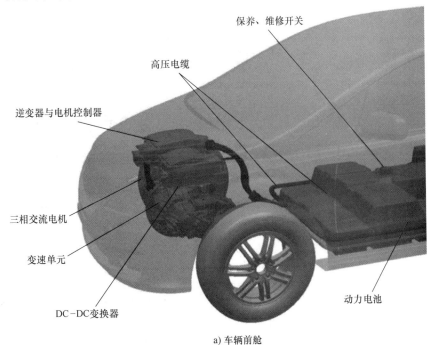

a) 车辆前舱

图2-1-35　比亚迪e6主要部件位置

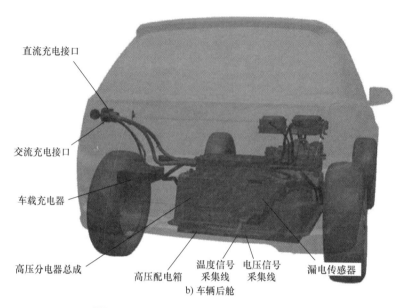

图 2-1-35 比亚迪 e6 主要部件位置（续）

（2）主要部件识别

1）动力电池。e6 的动力电池安装在车辆的底盘下方（图 2-1-36），电池能量管理器（BMS）被布置在行李箱的备胎底部。

图 2-1-36 比亚迪 e6 动力电池安装的位置

e6 采用的动力电池（图 2-1-37）每个单体电池电压为 3.3V，总标称电压为 316.8V，容量为 210A·h。整个电池组由 11 个模块组成，共 96 节电池。

2）驱动电机及变速单元。比亚迪 e6 使用的电机为交流无刷永磁同步电机，由驱动电机控制器控制，输出的动力经过变速单元的齿轮减速机构直接传递给传动轴。电机及变速单元

模块二 纯电动汽车与混合动力汽车 | 71

图 2-1-37 比亚迪 e6 动力电池

安装在前机舱内,如图 2-1-38 所示。

图 2-1-38 比亚迪 e6 电机与变速单元的齿轮减速机构

驱动电机控制器(图 2-1-39)的主要功能是控制电机,根据不同工况控制电机的正反转、功率、转矩、转速。

3)DC-DC 变换器及空调驱动器。DC-DC 变换器及空调驱动器(图 2-1-40),DC-DC 变换器主要负责将 316.8V 的动力电池高压电转换成 12V 电源供给整车用电器工作,并且在低压电池亏电时给低压电池充电;空调驱动器主要是接收空调控制器的信息来控制空调压缩机和 PTC 加热器。

4)高压配电箱。高压配电箱(图 2-1-41)是整车高压配电装置,主要作用是电源分配、接通、断开。

5)漏电传感器。漏电传感器(图 2-1-42)位于后排座椅底部,主要用于监测动力电池与车身的漏电电流。

图 2-1-39　比亚迪 e6 驱动电机控制器

图 2-1-40　比亚迪 e6 DC-DC 变换器及空调驱动器

图 2-1-41　比亚迪 e6 高压配电箱

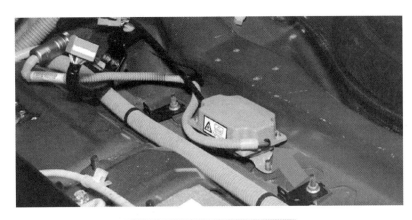

图 2-1-42　比亚迪 e6 漏电传感器

6）维修开关。维修开关（图 2-1-43）是电动车辆中一种常用的手动操作设备，用于断开车辆中的高压电，从而对车辆进行维修检查工作。

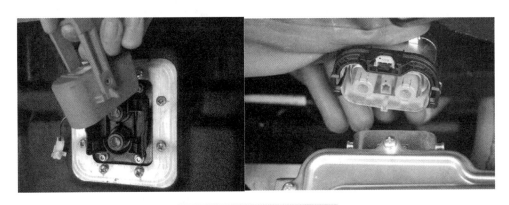

图 2-1-43　比亚迪 e6 维修开关

7）充电接口。比亚迪 e6 支持车载快充和慢充的充电方式。布置在车辆左侧的充电接口和车载充电器用于将来自家用的 220V 交流电转换为 330V 直流电给动力电池充电。

图 2-1-44 所示为比亚迪 e6 充电接口位置，图中位于左侧的是快速充电接口，利用专用的充电站可以 15min 完成 80% 的充电电量；右侧的是普通慢速充电接口，连接家用 220V 交流电源。

2. 北汽 EV200 结构识别

北汽新能源汽车推出的 EV 系列的纯电动汽车，代表车型有 EV160、EV200 等，动力电池采用磷酸铁锂电池，EV160 的续驶里程在 130～160km，EV200 的续驶里程在 200～260km。其内部的主要高压系统部件及布置位置如图 2-1-45 所示。

以下以北汽新能源 EV200 纯电动汽车为例介绍主要部件，其他车型可参照。

1）前机舱内部部件。EV200 前机舱的布置分上下两层，下层是驱动电机与变速单元，上层的零部件及管线通过集成安装支架固定在车身纵梁上，如图 2-1-46 所示。

2）动力电池。EV200 动力电池包含有电池能量管理系统，在向全车提供电能的同时，还支持对高压电池的电量计算评估、安全监测、充放电控制、漏电监测以及电池的电量平衡。表2-1-3列出了动力电池的参数。图2-1-47所示为EV200动力电池及其他相关部件的位置示意图。

图2-1-44　比亚迪e6充电接口位置

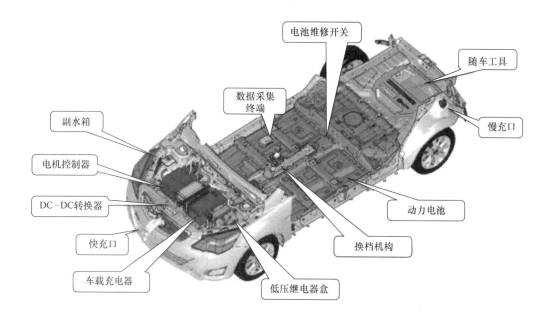

图2-1-45　EV200主要高压系统部件及布置位置

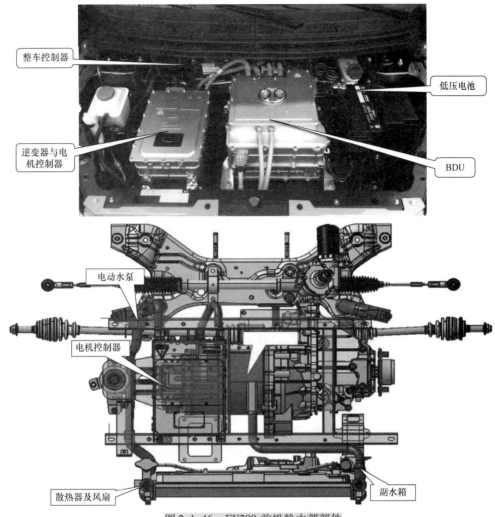

图 2-1-46　EV200 前机舱内部件

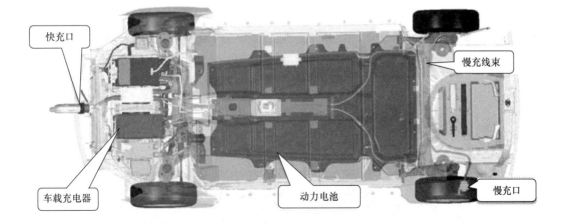

图 2-1-47　EV200 动力电池及其他相关部件的位置示意图

表 2-1-3 动力电池的参数

车 型 号	EV200 车型
动力电池电压	332V
动力电池容量	91.5A·h
动力电池电量	30.4kW·h

动力电池（图 2-1-48）为整车提供动力源。

动力电池高压接插件（图 2-1-49）经高压母线连接至电源分配单元（Power Distribution Unit，PDU），为全车高压部件供电。

3) 驱动电机。驱动电机（图 2-1-50）为整车提供动力，通过电机的正转来实现整车加速、减速；通过电机的反转来实现倒车。

图 2-1-48 动力电池

图 2-1-49 动力电池高压接插件

图 2-1-50 驱动电机

驱动电机 U、V、W 三相接线如图 2-1-51 所示。

4）逆变器与电机控制器。逆变器与电机控制器（图 2-1-52）的作用是将动力电池提供的直流电转换为交流电，然后输出给电机，通过电机的正转来实现整车加速、减速；通过电机的反转来实现倒车。

5）PDU。北汽新能源从 2016 年以后生产的纯电动汽车，已将 DC-DC 变换器、高压配制盒（BDU）、车载充电器统一到一个部件 PDU 中，由 PDU 完成上述三个部件的功能，集成度更高，如图 2-1-53 所示。

图 2-1-51　驱动电机 U、V、W 三相接线

图 2-1-52　EV200 电机、逆变器与电机控制器

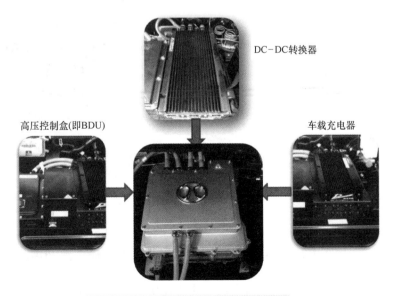

图 2-1-53　EV200 PDU 部件功能示意图

6）高压/低压线束。

① 驱动电机高压线束（图2-1-54）。通过PDU输送直流电，传输给驱动电机控制器。

图2-1-54　驱动电机高压线束

② 高压母线（图2-1-55）。将动力电池的直流电输送到PDU。

图2-1-55　高压母线

③ 快充线束（图2-1-56）。将高压直流电通过快充线束输送到PDU，经高压母线传输到动力电池。

④ 电动压缩机高压线束（图2-1-57）。将高压直流电传输到电动压缩机。

图 2-1-56　快充线束

图 2-1-57　电动压缩机高压线束

⑤ PTC 高压线束（图 2-1-58）。将 PDU 输出的高压直流电通过线束传输到 PTC 加热器。

⑥ DC–DC 变换器正极线束（图 2-1-59）。连接着 DC–DC 变换器正极端，其作用是在车辆起动后将动力电池输入的高压电转变成低压 12V，通过线束向蓄电池充电，以保证行车时低压用电设备正常工作。

⑦ DC–DC 变换器负极搭铁线束。与车身搭铁。

图 2-1-58　PTC 高压线束

图 2-1-59　DC-DC 变换器正极线束

⑧ PDU 低压线束（图 2-1-60）。与 VCU 相连传输 PDU 信号。

⑨ 电机控制器低压线束（图 2-1-61）。传输驱动电机与整车控制器的各项数据。

7）充电口。

① 慢充充电口。北汽 EV160/EV200 在传统汽车油箱盖位置的是它的慢充充电口，如图 2-1-62 所示。

② 快充充电口。车辆正前方车标位置的为快充充电口，如图 2-1-63 所示。

图 2-1-60　PDU 低压线束

图 2-1-61　电机控制器低压线束

图 2-1-62　北汽新能源汽车慢充充电口

图 2-1-63 北汽新能源汽车快充充电口

复 习 题

1. **判断题**

(1) 纯电动汽车指的是采用动力电池作为驱动能源,使用电机驱动车辆行驶的汽车。(　　)

(2) 纯电动汽车是利用电机将机械能转换为电能来实现驱动的。(　　)

(3) 再生制动是电动汽车节能的重要措施,制动时电机可实现再生制动,一般可回收 10%～15% 的能量,有利于延长电动汽车的续驶里程。(　　)

(4) 动力电池组具有高压交流电,必须设置安全保护系统。(　　)

(5) 能量管理系统能够根据电池组的使用情况和充放电历史选择最佳充电方式,以尽可能延长电池的寿命。(　　)

(6) 纯电动汽车没有内燃机,不需要采用冷却系统了。(　　)

(7) 纯电动汽车的动力传输目前有单一车载动力电池和辅助动力源两种类型。(　　)

(8) OK 指示灯表示车辆各动力系统工作正常,处于可行驶状态。(　　)

(9) 当 ABS 被激活或者 ABS 故障时,整车控制系统将关闭制动能量回收功能。(　　)

2. **单项选择题**

(1) 动力电池通过(　　),供应 12V 或 24V 电源,并储存到低压电池组,作为仪表、照明和信号的工作电源。

A. DC–AC 变换器　　B. AC–DC 变换器　　C. DC–DC 变换器　　D. AC–AC 变换器

(2) 以下不属于纯电动汽车高压部件的是(　　)。

A. 动力电池　　　　　　　　　　B. 逆变器和驱动单元

C. 压缩机和 PTC 加热器　　　　　D. 电动冷却液泵

(3) 纯电动汽车高压部件都是通过(　　)的高压电缆连接起来的。

A. 黄色　　　　B. 红色　　　　C. 橙色　　　　D. 绿色

(4) 纯电动汽车对电机或逆变器的冷却通常设计的方式有(　　)。

A. 水冷　　　　　B. 风冷　　　　　C. 以上都正确　　　D. 以上都错误

（5）目前上市的纯电动汽车，如北汽 EV200、荣威 e50 主要采用的动力布置形式是（　　）。

A. 替代内燃机布置　　　　　　　　B. 电机齿轮机构集成布置
C. 轮毂电机布置　　　　　　　　　D. 电机齿轮机构分开布置

（6）以下符号表示动力系统故障警告灯的是（　　）。

A. ☒　　　　B. ☒　　　　C. ☒　　　　D. P/S

（7）以下符号表示动力电池故障警告灯的是（　　）。

A. ☒　　　　B. ☒　　　　C. ☒　　　　D. ☒

（8）驱动车辆时，驱动时来自动力电池的能量通过途径是（　　）。

A. 逆变器、BDU，再进入电机变速单元　　B. BDU、逆变器，再进入电机变速单元
C. BDU、电机变速单元，再进入逆变器　　D. 电机变速单元、逆变器，再进入 BDU

（9）制动或车辆减速时，回收制动能量，变速单元内的电机将变成发电机，能量通过途径是（　　）。

A. 逆变器、BDU 传回动力电池，为电池充电
B. BDU、逆变器传回动力电池，为电池充电
C. 动力电池、BDU 传回逆变器，为电池充电
D. 以上都错误。

3. 多项选择题

（1）纯电动汽车与传统汽车相比，有一些典型的特征（　　）。

A. 取消了内燃机，改用动力电池加电机的方式来驱动汽车
B. 不再需要加注燃油，改用需要外部电网进行对车辆充电来续航车辆行驶里程
C. 延续使用传统汽车的大部分系统或部件，如转向系统、车身电器等
D. 价格便宜
E. 外观时尚

（2）纯电动汽车的推广和发展应具备 4 个方面的核心技术，包括（　　）。

A. 动力电池及管理系统技术　　B. 驱动电机及其控制技术　　C. 整车控制技术
D. 能量管理技术　　　　　　　E. 快速充电技术

（3）动力电池的充电设备类型，包括（　　）。

A. 地面充电器　　　　　　B. 车载充电器　　　　　　C. 接触式充电器
D. 感应式充电器　　　　　E. 移动式充电器

（4）纯电动汽车用电机种类主要有（　　）。

A. 直流电机（DCM）　　　　　B. 感应电机（IM）
C. 永磁无刷电机（PMBLM）　　D. 开关磁阻电机（SRM）
E. 以上都不是

（5）以下纯电动汽车通常只采用风冷冷却形式的部件是（　　）。

A. DC-DC 变换器　　　　　B. 车载充电器　　　　　　C. 动力电池
D. 驱动电机　　　　　　　E. 以上都不是

（6）纯电动汽车根据驱动电机与驱动主轴之间的连接关系，常有以下布置形式（　　）。

A. 替代内燃机布置　　B. 电机齿轮机构集成布置　　C. 轮毂电机布置
D. 电机齿轮机构分开布置　　E. 以上都不正确

（7）纯电动汽车的仪表设计外观、安装位置与传统汽车相同，但是在仪表指示灯及显示功能上与传统汽车有区别，主要表现在（　　）。

A. 取消了发动机转速表，增加了功率输出表
B. 取消了原有的燃油位置表，增加了电池电量表
C. 取消了原来与发动机有关的一些故障警告灯
D. 高清设计
E. 外观美观

（8）纯电动汽车对整车的动力性、经济性、可靠性和安全性等有着重要影响的三个控制器是（　　）。

A. 整车控制器（VCU）　　B. 电机控制器（MCU）
C. 电池管理系统（BMS）　　D. 动力控制模块（PCM）
E. 以上都错误

单元二　混合动力汽车结构

情境导入

作为一名新能源汽车专业的学生，你需要为一位已经购买混合动力汽车的客户详细介绍该车的结构和功能，你能完成这个任务吗？

学习目标

1. 能够描述混合动力汽车的定义与典型特征。
2. 能够描述混合动力汽车的类型。
3. 能够描述混合动力汽车的结构。
4. 能够描述混合动力汽车的工作模式与运行模式。
5. 能够描述典型混合动力汽车的技术特点。

混合动力汽车的认知

知识学习

一、混合动力汽车的定义与典型特征

1. 混合动力汽车的定义

混合动力汽车的 Hybrid 这个词来源于拉丁语 Hybrida，是杂交或者混合的意思。在技术层面，Hybrid 这个词指一种系统，该系统将两种不同的技术组合在一起来使用。我们常说的混合动力汽车通常就是指油电类型混合动力汽车（Hybrid Electric Vehicle，HEV），即为

内燃机与动力电池、电机的驱动混合。

国际电子技术委员会对混合动力车辆的定义为，在特定的工作条件下，可以从两种或两种以上的能量存储器、能量源或能量转化器中获取驱动能量的汽车，其中至少一种存储器或转化器要安装在汽车上。

混合动力汽车介于传统内燃机汽车与纯电动汽车之间，是两种动力汽车的中间产物。如图 2-2-1 所示，与纯电动汽车相比，混合动力汽车上配置有内燃机；与传统汽车相比，混合动力汽车上又新增有动力电池和电机。但是，混合动力汽车中的动力驱动单元却完美地将内燃机的动力与电机的动力结合在一起。

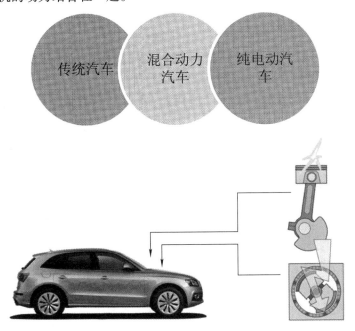

图 2-2-1　混合动力汽车关系示意图

从广义上讲，混合动力汽车指的是装备有两种具有不同特点驱动装置的车辆。如图 2-2-2 所示，这两个驱动装置中有一个是车辆的主要动力来源，它能够提供稳定的动力输出，满足汽车稳定行驶的动力需求，由于内燃机在汽车上成功的应用，使之成为首选的驱动装置；另外还有一个辅助驱动装置，它具有良好的变工况特性，能够进行功率的平衡、能量的再生与存储系统。

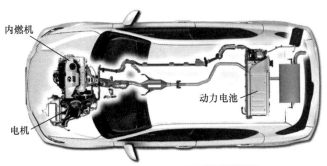

图 2-2-2　混合动力汽车两种动力源

从狭义上讲，混合动力汽车是指同时装备两种动力源的汽车。通过在混合动力汽车上使用电机，使得动力系统可以按照整车的实际运行工况要求灵活调控，而内燃机保持在综合性能最佳的区域内工作，从而降低油耗与排放。也可以认为混合动力汽车通常是指既有车载动力电池提供电力驱动，又装有一个相对小型内燃机的汽车。

2. 混合动力汽车的典型特征

根据混合动力汽车的运行需要，混合动力汽车相比较传统汽车，主要的改进在车辆的驱动系统上，即在传统汽车的内燃机、变速器、传动轴到车轮的线路上，增加一套由高压动力电池、电机组成的电动动力输出线路。与传统内燃机汽车相比，混合动力汽车需要在以下这些地方做出升级。

（1）内燃机的升级变化 混合动力汽车的内燃机排量较小，同时由于大多数混合动力汽车取消了12V发电机、曲轴传动带驱动压缩机等部件，因此会简化辅助装置的带传动机构，主要的表现是不再需要通过曲轴传动带来驱动压缩机和12V发电机了。混合动力汽车通常采用电动空调压缩机和电子水泵，在曲轴上的带轮仍会保留，仅作为减振器用，如图2-2-3所示的丰田普锐斯内燃机曲轴传动带驱动部件明显少了，仅保留一个发动机水泵和惰轮。

此外，对于一些插电式混合动力汽车，由于内燃机可能很少运行，因此还会设计有独立的封闭式燃油炭罐系统，利用更大的炭罐来吸收燃油箱内的蒸发燃油气体。当需要继续添加燃油时，混合动力控制系统

图 2-2-3　丰田普锐斯内燃机曲轴传动带

会首先释放系统封闭的燃油蒸气压力，然后才执行燃油箱盖的打开和允许添加燃油。图2-2-4所示为沃蓝达插电式混合动力汽车燃油系统炭罐。

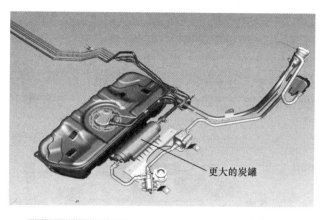

图 2-2-4　沃蓝达插电式混合动力汽车燃油系统炭罐

（2）转向系统的升级变化 由于混合动力汽车的内燃机可能偶尔会停止运转，因此内燃机将不能正确驱动一个液压转向助力系统的液压泵。几乎所有的混合动力汽车上都使用了电动机械式转向系统，如图2-2-5所示，该系统的电机直接从车辆电源系统获取电能，无论

内燃机是否运转,均能提供转向助力。

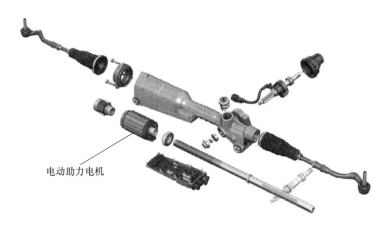

图 2-2-5　混合动力汽车电动助力转向系统

(3) 制动系统的升级变化　混合动力汽车通常会设计有电动真空泵(图2-2-6),无论内燃机是否关闭,该电动真空泵均能为带有真空制动助力器的制动系统提供足够的真空,保证了混合动力汽车的制动安全。

图 2-2-6　混合动力汽车电动真空泵

有些混合动力汽车不再设计有真空制动助力器的制动系统,改用电控液压制动系统。该系统的特点是驾驶人踩下制动踏板后不再直接机械地传递到制动主缸,而制动踏板是一个传感器,将信号先传递给制动系统模块,再由控制模块根据制动需求,驱动液压制动系统的制动压力实现制动。图 2-2-7 所示为电控液压制动主缸与制动模块。该系统的最大好处是可以无缝配合混合动力的制动能量回收控制。

二、混合动力汽车的类型

为了便于区分市场上形式各异的混合

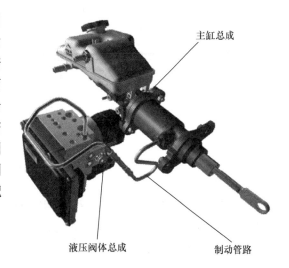

图 2-2-7　电控液压制动主缸与制动模块

动力汽车，习惯上会根据混合动力汽车驱动系统的连接方式或混合程度来对混合动力汽车进行分类，以便于更好地了解混合动力汽车的技术特性。

1. 按混合动力汽车驱动系统的连接方式分类

混合动力汽车的驱动系统主要有内燃机和驱动电机。通常，根据内燃机和驱动电机之间的连接关系（即内燃机的输出动力与驱动电机的输出动力到车辆驱动轴的连接方式），将混合动力汽车分成串联式、并联式和混联式三种类型，如图2-2-8所示。

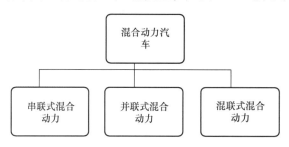

图2-2-8 混合动力汽车按驱动系统的连接方式分类

（1）串联式混合动力 在串联式混合动力设计中，车辆的驱动仅仅是由驱动电机来单独完成的，车辆动力电池的电能来自内燃机。

串联式混合动力车辆运行时，内燃机带动发电机工作，发电机输出的电能通过逆变器提供给驱动电机来驱动车辆，或者为车辆动力电池充电。在该类型的设计中，内燃机是不能直接给车辆提供动力的，其主要应用于城市大客车，在小型乘用车中很少见，如图2-2-9和图2-2-10所示。

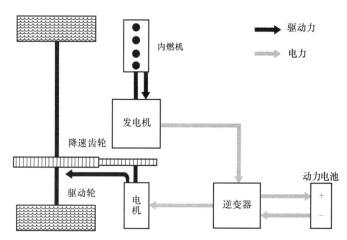

图2-2-9 串联式混合动力汽车连接方式示意图

串联式混合动力的特点：

1）内燃机不直接参与驱动车辆，仅用于使动力电池保持有电状态。

2）动力电池获取电能的主要途径有内燃机输出的电能和制动能量回收的电能。

3）优点：内燃机能够在最佳的速度和负荷运行，同时车辆也取消了变速器、离合器等部件。

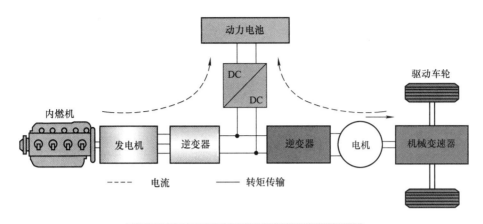

图 2-2-10 典型串联式混合动力汽车驱动组件

4）缺点：车辆仅通过电机驱动，因此必须设计有较大功率的电机来满足车辆在爬坡、急加速等大负荷运行工况，与此对应也导致内燃机和动力电池的质量增加，从而导致整车质量也增加。

（2）并联式混合动力　在并联式混合动力设计中，车辆的驱动是由内燃机和驱动电机组合完成的，系统支持仅靠其中的一种能量驱动车辆，也支持内燃机和驱动电机同时驱动车辆。在这种设计中，动力电池和内燃机都是与变速单元相连接的。

在驱动车辆行驶时，大多数情况下，并联式混合动力汽车的驱动电机是辅助内燃机运行的。并联式混合动力汽车可以在比较复杂的工况下使用，应用范围比较广，如图 2-2-11 和图 2-2-12 所示。

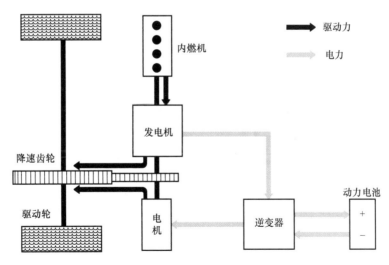

图 2-2-11　并联式混合动力汽车连接方式示意图

并联式混合动力的特点：
1）内燃机和驱动电机共同驱动车辆行驶。
2）没有单独设计发电机，在没有外部充电或辅助电源的情况下，动力电池获取电能的

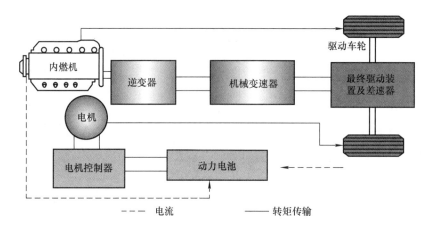

图 2-2-12 典型并联式混合动力汽车驱动组件

唯一途径是驱动电机的能量回收。

3）优点：采用了一个或多个电机辅助内燃机，使得内燃机的设计可以更小。

4）缺点：需要用复杂的软件来优化驱动电机和内燃机同时输向驱动轴的力矩。

（3）混联式混合动力　混联式混合动力也称为串并联式，它可以最大限度地发挥串联式与并联式的各自优点，如在车辆行驶中，系统可以通过动力分配装置一方面由驱动电机单独驱动车辆，另一方面再由内燃机起动来自主地控制发电。目前市场上合资品牌的混合动力汽车大多数采用这种设计类型，如图 2-2-13 所示。

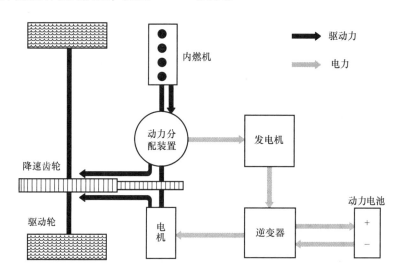

图 2-2-13 混联式混合动力汽车连接方式示意图

混联式混合动力的特点：

1）系统可以实现纯驱动电机驱动车辆，内燃机自动停机或起动为系统充电；也可以实现内燃机和驱动电机共同驱动车辆。

2）不足的是动力分配装置内部设计和管理系统较为复杂，需要较高的技术积累和研发投入。

2. 按混合动力汽车的混合程度分类

对现有混合动力汽车进行分类还可以使用混合程度这个概念，这是市场销售中常用的分类方式。但是到目前为止，并没有一个准确的混合程度标准。当前，大多数学者会采用混合动力汽车中驱动电机的有效功率占车辆驱动系统总功率的百分比作为混合程度，按照这个混合程度概念可以将市场上的混合动力汽车分为轻度混合动力、中度混合动力和重度混合动力三个等级，如图 2-2-14 所示。

图 2-2-14　按混合动力汽车的混合程度分类

（1）轻度混合动力　也称为轻混，轻度混合动力的车辆混合程度低，没有内燃机的帮助，设计在车辆中的电机是不能够单独驱动车辆行驶的。轻度混合动力一般采用36V、42V电池组，并搭载一个低功率的起动/发电机通过曲轴传动带来辅助内燃机。从严格意义上来说，轻混并不能算是混合动力系统，因为车辆只靠单一的内燃机动力行驶，其电池输出能量只起辅助作用，一般只包括自动起停、内燃机起动平滑辅助和制动能量回收。该系统设计的优点是成本小，但同时节省的燃油也更少，一般只能省油8%～15%。轻度混合动力系统结构示意图如图 2-2-15 所示。

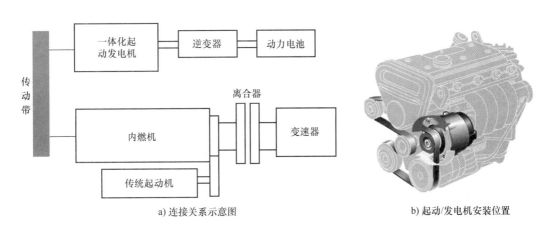

a) 连接关系示意图　　　　b) 起动/发电机安装位置

图 2-2-15　轻度混合动力系统结构示意图

轻混的典型代表技术有通用汽车旗下 BAS（Basic Assist System）系统的君越混合动力，梅赛德斯奔驰为 Smart 开发的一套名为 MHD（Micro Hybrid Drive）的怠速熄火系统，以及奇瑞汽车的 BSG（Belt–driven Starter Generator）系统。这些系统的共同特点都是由曲轴传动带驱动的起动/发电机取代了传统内燃机的发电机，由这个新型的起动/发电机提供车载电力系统的同时，还能快速起动车辆的内燃机。

（2）中度混合动力　中度混合动力的车辆一般采用100V以上的动力电池，混合度在30%左右。与轻度混合动力系统不同之处在于，中度混合动力系统采用的是高压动力电池和电机。在车辆加速或者大负荷工况时，电机能够辅助内燃机驱动车辆，补充内燃机本身动力输出的不足，提高整车性能。这种系统的混合程度较高，在城市循环工况下节省燃油可以达到20%～30%。

例如，本田汽车公司旗下的雅阁、思域，广汽丰田的雷凌混合动力汽车都属于这类系统，如图 2-2-16 所示。需要强调的是，中度混合动力汽车仍然无法完全脱离内燃机的驱动并完全依靠电力驱动。

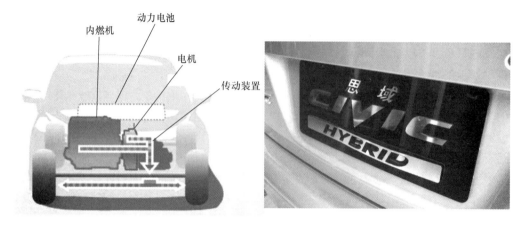

图 2-2-16　中度混合动力汽车

（3）重度混合动力　也称为强混，系统通常采用 272～650V 的高压系统，混合度可以达到 50% 以上，在城市循环工况下节油率可以达到 30%～50%。其特点是动力系统以内燃机为基础动力，动力电池为辅助动力，采用的电机功率更为强大，完全可以满足车辆在起步和低速时的动力要求。

重度混合车型可以在低速时就像一款纯电动汽车一样，支持纯电动行驶；在急加速和爬坡运行工况下车辆需要较大的驱动力时，驱动电机和内燃机同时对车辆提供动力。

随着电机、电池技术的进步，重度混合动力系统逐渐成为混合动力技术的主要发展方向，丰田普锐斯、通用的凯雷德双模混合动力汽车采用的就是重度混合动力系统，如图 2-2-17 所示。

图 2-2-17　重度混合动力汽车

3. 插电式混合动力汽车

插电式混合动力汽车（Plug-in Hybrid Electric Vehicle，PHEV）是可以通过外部连接的电源进行充电的，同时在电池满电的状态下具有一定的纯电动行驶能力，是重度混合动力车型的一种特殊形态。

插电式混合动力汽车可以采用串联或并联的结构,主要的优势在于纯电力续驶里程较长;电能不足时,车辆仍然可以重度混合模式行驶。家用的插电式混合动力汽车都有随车充电器,可以使用220V外部电网为动力电池充电,而插电式混合动力公交车由于行驶路线固定,通常利用快速充电机对其充电。

插电式混合动力系统的电机功率比纯电动汽车的稍小,动力电池的容量介于重混和纯电动汽车之间。由于具有可利用夜间用电低谷对动力电池充电、降低排放等优势,插电式混合动力汽车已成为主流发展方向之一。

比亚迪秦和雪佛兰的沃蓝达都属于这种类型的混合动力汽车。例如,沃蓝达可以在纯电动模式下行驶80km,待电量耗尽后可利用1.4L内燃机作为驱动力额外行驶490km。如果想要继续行驶,用户只需为车辆充电或加油即可。插电式混合动力汽车如图2-2-18所示。

图2-2-18 插电式混合动力汽车

三、混合动力汽车的结构

1. 混合动力汽车的基本结构组成

混合动力汽车的结构较为复杂,它具有传统汽车与纯电动汽车的双重部件。如图2-2-19所示,混合动力汽车配置有内燃机、动力电池、变速驱动单元、DC-DC变换器,如果是插电式混合动力汽车,还配置有车载充电器等。

图2-2-19 混合动力汽车基本结构组成

混合动力汽车的动力电池、DC-DC变换器等部件与纯电动汽车在结构原理上并无区别,变速驱动单元是混合动力汽车的核心,既是车辆混合动力驱动形式的反应,也是一辆混合动力汽车技术性能的重要表现。

在混合动力的车型中，中度、重度混合动力汽车在传统内燃机汽车基础上主要增加了高压动力电池组和改进的变速驱动单元，并为特定车辆需求增加一些其他附属部件。

以下介绍与传统汽车区别较大的混合动力汽车变速驱动单元结构。

2. 混合动力汽车变速驱动单元的结构

如图 2-2-20 所示，混合动力汽车的变速驱动单元不同于传统汽车的自动变速器或手动变速器，其内部主要包含以下部件：

- 用于驱动和发电的三相电机。
- 用于实现动力切换的离合器。
- 用于实现输出动力变速的齿轮机构。

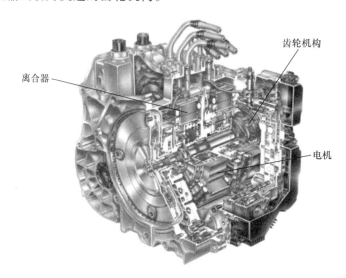

图 2-2-20　混合动力汽车变速驱动单元

混合动力汽车变速驱动单元目前有两种应用比较广泛的类型，分别是以丰田普锐斯为代表的混联式变速驱动单元和以比亚迪秦为代表的并联式变速驱动单元。

混联式变速驱动单元的机构可以实现更多的混合驱动模式，如纯电动驱动模式、内燃机与电机复合工作模式以及各种工况下的不同组合模式，通常这种变速驱动单元内部设计有两个电机。

并联式变速驱动单元机构的最大优点是可以在电力驱动模式失效时，单纯依靠内燃机也可以由该变速单元继续驱动车辆行驶。

（1）混联式变速驱动单元　例如，在丰田普锐斯车型中，变速驱动单元内部设计有两个驱动电机 MG1 和 MG2，并设计有一个行星齿轮机构，如图 2-2-21 所示，其连接关系如下：

- 内燃机与内部行星齿轮机构的行星架相连接。
- MG1 与行星齿轮机构的太阳轮相连接。
- MG2 与行星齿轮机构的齿圈以及车辆输出轴相连接。

从其内部连接关系可以判断出来，该变速单元既存在着内燃机提供动力给 MG1 发电，

MG2 用于驱动车辆的串联形式，也存在着当 MG1 固定情况下，内燃机和 MG2 同时利用行星齿轮机构驱动车辆的并联关系。因此，可以从这样的结构中判断出普锐斯采用的是混联形式。

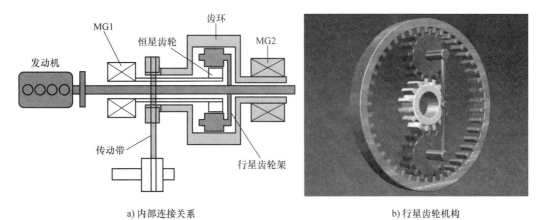

a) 内部连接关系　　　　　　　　b) 行星齿轮机构

图 2-2-21　普锐斯变速驱动单元内部连接关系示意图

混合动力汽车采用的电机通常是三相交流电机，它替代了传统汽车上的发电机和起动机。需要起动内燃机时，内部的电机作为起动机，带动内燃机运转；内燃机起动后，又会作为发电机，为车辆提供持续电能，如图 2-2-22 所示。

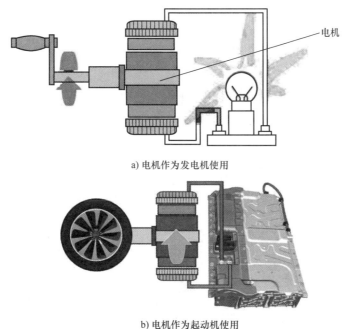

a) 电机作为发电机使用

b) 电机作为起动机使用

图 2-2-22　混合动力汽车电机作用

（2）并联式变速驱动单元　在比亚迪秦的变速驱动单元（图 2-2-23）中，组合设计有一个 DCT 双离合变速器和一台驱动电机，并通过一套减速机构进行并联起来。

如图 2-2-24 所示，其内部的连接关系是：

1）驱动电机通过单独的一套减速机构与齿轮变速器相连。

2）内燃机通过 DCT 双离合变速器和另外一套减速机构与齿轮变速器相连。

比亚迪秦的电机由外圈的定子与内圈的转子组成，是汽车的动力源之一，向外输出转矩，驱动汽车前进后退；同时也可以作为发电机发电（例如，在滑行、制动过程中以及发动机输出的额外转矩的势能或者动能通过电机转化为电能存储）。电机采用交流永磁同步电机，额定功率为 40kW。

图 2-2-23 比亚迪秦变速驱动单元外观结构

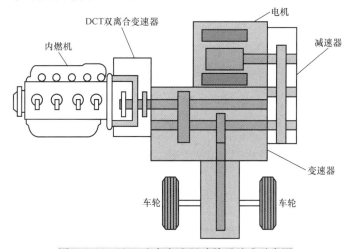

图 2-2-24 比亚迪秦变速驱动单元总成示意图

四、混合动力汽车的工作模式与运行模式

1. 工作模式

混合动力汽车在工作过程中，具有以下几种工作模式：

（1）纯电动模式　纯电动模式如图 2-2-25 所示，由动力电池给驱动电机供电，再由电机驱动车辆行驶。

图 2-2-25 纯电动模式

（2）传统燃油模式　传统燃油模式如图 2-2-26 所示，由发动机直接驱动车辆行驶。

图 2-2-26　传统燃油模式

（3）能量回收模式　能量回收模式如图 2-2-27 所示，在制动或惯性滑行中释放出多余能量，并通过发电机将其转化为电能。

图 2-2-27　能量回收模式

（4）怠速充电模式　怠速充电模式如图 2-2-28 所示，由发动机带动发电机给动力电池充电。

图 2-2-28　怠速充电模式

（5）驱动与发电模式 驱动与发电模式如图2-2-29所示，由发动机驱动车辆行驶，驱动轮牵引电机给动力电池供电。

图2-2-29 驱动与发电模式

（6）全速驱动模式 全速驱动模式如图2-2-30所示，需求更大加速度时，电机和发动机一起传输动力驱动车辆行驶。

图2-2-30 全速驱动模式

2. 运行模式

混合动力汽车在运行过程中，通常可以细分成以下几种运行模式：

（1）起步加速 混合程度较轻的车型，在起步时电机辅助发动机驱动，提供强有力的加速能力，同时减少发动机起步时因为惯性阻力增加导致油耗的加大。而有些混合程度较重的车型，在起步时都是由纯电力驱动的，内燃机处于关闭状态。

纯电力驱动或电机辅助内燃机运行模式如图2-2-31所示。

图2-2-31 纯电力驱动或电机辅助内燃机运行模式

（2）低速巡航行驶　在低速巡航行驶时，内燃机的气缸是处于关闭状态的，只靠电机驱动车辆行驶，如图2-2-32所示。

（3）加速　在加速状态下时，如果此时内燃机已经起动，那么会由电机辅助内燃机提供强有力的加速动力。如果内燃机在未起动状态下时，通常遇到大负荷情况下，系统会自动起动内燃机来为车辆提供更高的动力。混合驱动模式如图2-2-33所示。

图 2-2-32　纯电机驱动模式

图 2-2-33　混合驱动模式

（4）高速巡航　在高速巡航状态情况下，电机通常被关闭，只由内燃机进行驱动，以稳定的低油耗行驶。因为在这种工况下，内燃机的运行也是在最经济的油耗下进行的。仅内燃机运行模式如图2-2-34所示。

图 2-2-34　仅内燃机运行模式

（5）减速　在减速状态下时，系统会优先执行制动能量回收，将制动能量转化为电能存储在蓄电池中，此时内燃机会被关闭，减少能耗，提高充电效率。制动能量回收模式如图2-2-35所示。

（6）自动停车　急速时，混合动力汽车具有最大的特点是内燃机会被自动停止，此时能源消耗和排放为零。自动停车模式如图2-2-36所示。

图 2-2-35　制动能量回收模式

图 2-2-36　自动停车模式

五、典型混合动力汽车的技术特点

近年来，无论是自主品牌还是合资品牌，都陆续推出或正在研发混合动力汽车。以下介绍市场上典型的混合动力汽车车型技术特点。

1. 丰田普锐斯混合动力汽车

（1）第一代丰田普锐斯（图 2-2-37）　1997 年，丰田首先在日本市场上推出了世界上

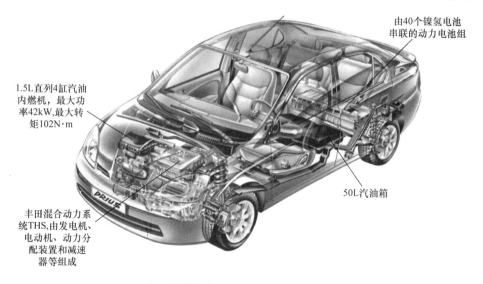

图 2-2-37　第一代丰田普锐斯结构示意图

第一款批量生产的混合动力汽车——普锐斯（PRIUS）。普锐斯混合动力系统由汽油内燃机和电机组成，采用一种折中的方式弥补了汽油内燃机汽车和纯电动汽车两者之间的缺陷。2000年，普锐斯经过细微的改动之后推向美国市场，随后进入欧洲，开始了其世界第一混合动力车型的历程。第一代普锐斯混合动力汽车技术参数见表2-2-1。

表 2-2-1 第一代普锐斯混合动力汽车技术参数

丰田第一代普锐斯技术参数			
动力源	类 型	最大功率	最大转矩
内燃机	1.5L 直列 4 缸汽油内燃机	42kW	102N·m
电机	274V 永磁同步交流型	29kW	305N·m
动力电池	288V，40 个镍氢电池串联		

（2）第二代丰田普锐斯（图2-2-38） 2003年9月，丰田在日本首先上市了全新第二代普锐斯，除了外观的改进外，最重要的是引入了第二代丰田混合动力系统 THS-Ⅱ。THS-Ⅱ是在 HSD（混合动力协同驱动）的概念下开发出来的，即电机、内燃机在车辆各种状态中，采用不同的方式协同工作来适应各种驾驶模式。THS-Ⅱ与 THS 基本理论相同，不过其使用的电机在同类电机中性能较高。另外，为了更好地进行能源消耗管理，THS-Ⅱ使用一种新型的线路和制动能量回收系统，与高效的动力电池组合，可以在制动的时候更好地对制动能量进行回收。

THS-Ⅱ最大的改进在于使用了高电压线路——内燃机、电机和动力电池之间的电压高达 500V，而上一代 THS 的电压只有 274V。第二代普锐斯混合动力汽车技术参数见表2-2-2。

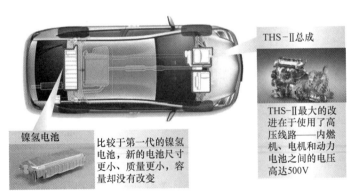

图 2-2-38 第二代丰田普锐斯结构示意图

表 2-2-2 第二代普锐斯混合动力汽车技术参数

丰田第二代普锐斯技术参数				
动力源	类 型	排量/电压/容量	最大功率	最大转矩
内燃机	直列 4 缸汽油内燃机	1.5L	57kW	115N·m
电机	永磁同步交流型	500V	50kW	400N·m
动力电池	28 个镍氢电池串联	6.5A·h		

（3）第三代丰田普锐斯（图 2-2-39）　2009 年，丰田推出了全新第三代普锐斯，并于 2010 年全面上市。新一代的普锐斯对混合动力系统进行了改进，主要包括两个方面：一个是使用全新的 1.8L 内燃机代替原有的 1.5L 内燃机，另外一个是对 HSD 混合动力协同驱动系统进行重新设计。第三代普锐斯混合动力汽车技术参数见表 2-2-3。

图 2-2-39　第三代丰田普锐斯结构示意图

表 2-2-3　第三代普锐斯混合动力汽车技术参数

丰田第三代普锐斯技术参数				
动力源	类型	排量/电压/容量	最大功率	最大转矩
内燃机	直列 4 缸汽油内燃机	1.8L	73kW	142N·m
电机	永磁同步交流型	600V	60kW	207N·m
动力电池	镍氢电池串联	6.5A·h	27kW	

第三代丰田普锐斯搭载阿特金森循环 1.8L 直列 4 缸内燃机，取代老款的 1.5L 内燃机，最大功率为 73kW，比老款提高 16kW，转矩则达到 142N·m，比老款增加 27N·m，加上电机动力整车最大功率为 100kW，低速转矩进一步提升，这也意味着低速时能够获得更好的燃油经济性。0～100km/h 加速时间比老款提高 1s，仅需 9.8s。

第三代普锐斯提供 4 种不同的驾驶模式：Normal 为正常模式；EV 模式允许驾驶人在低速状态下单纯依靠电力行驶约 1.6km；PWR 模式提高加速灵敏度，以提升运动性能；ECO 模式则可以帮助驾驶人获得最佳的燃油经济性。

第三代普锐斯与制动能量回收如图 2-2-40 所示。

（4）第三代插电式丰田普锐斯（图 2-2-41）　锂离子蓄电池组可通过家用电源来进行充电，因此不受蓄电池剩余量和充电设施完善情况的限制。比起传统的混合动力汽车将更加

图 2-2-40　第三代普锐斯与制动能量回收

能够降低油耗、抑制不可再生资源消耗、减排 CO_2 以及防止大气污染。普锐斯插电式混合动力汽车每升汽油可以行驶 55km，在充满电的情况下，纯电动模式续驶里程为 20km。充电时间方面，100V 电源需要 180min，200V 电源需要 100min。

充电情况
相比较于普通的普锐斯，插电式混合动力汽车增加了一个可外给蓄电池充电的外接电源插口；充电一次的纯电动行驶距离为20km，最大速度为100km/h。充电时间采用100V电源需要180min，200V电源需要100min

锂离子蓄电池组
普锐斯插电式混合动力汽车配备的锂离子蓄电池组的外形尺寸为807mm×911mm×378mm，质量为160kg；并联连接3个由96个单元组成的蓄电池组，容量为5.2kW·h，电压为345.6V；蓄电池组上部装有一个降压用DC-DC变换器和3个监控单元
蓄电池以32个单元为一组，分上下两层排列；冷却方式采用空冷式，3个风扇分别负责3组蓄电池的冷却工作；共设有3处空气吸入口，后部座椅的下方有两处，旁边有一处

图 2-2-41　第三代插电式丰田普锐斯与结构示意图

当蓄电池的电量下降至一定程度时，系统就会自动地切换为混合动力模式行驶。在低温

时起动以及驾驶人用力踩下加速踏板等情况下,如果系统判断电池提供的功率较低时,就会起动内燃机驱动行驶。

第三代插电式普锐斯混合动力汽车技术参数见表2-2-4。

表2-2-4 第三代插电式普锐斯混合动力汽车技术参数

丰田第三代插电式普锐斯技术参数				
动力源	类　型	排量/电压/容量	最大功率	最大转矩
内燃机	直列4缸汽油内燃机	1.8L	73kW	142N·m
电机	永磁同步交流型	600V	60kW	207N·m
动力电池	锂离子蓄电池串联	6.5A·h		

2. 比亚迪秦混合动力汽车

秦是比亚迪股份有限公司自主研发的第二代双模混合动力的高性能轿车,属于重度混合,并支持外部电源充电的混合动力汽车。比亚迪秦混合动力汽车如图2-2-42所示。

图2-2-42 比亚迪秦混合动力汽车

比亚迪秦动力驱动系统结构示意图如图2-2-43所示。在动力方面,秦搭载了1台1.5T

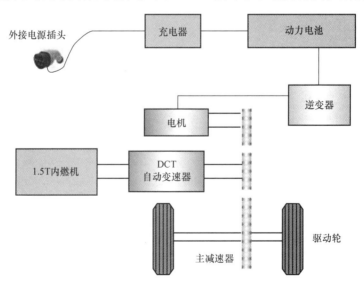

图2-2-43 比亚迪秦动力驱动系统结构示意图

内燃机、6 速 DCT 自动变速器和 1 台高转速电机,并集合自主研发的磷酸铁锂电池,使得最大输出功率可以达到 217kW,峰值转矩为 479N·m。电池组的容量设计为 13kW·h,在纯电动状态下的最大续驶里程可以达到 70km。

秦的驱动系统采用了并联的设计方式,即使在电力驱动系统失效的情况下,车辆依靠内燃机的驱动系统能够仍然保持行驶。

六、典型混合动力汽车能量图的识别

以下介绍混合动力汽车能量图的识别方法,以及其运行模式的分析。

操作前准备:

1) 检查并确认车辆无故障,如果是插电式混合动力汽车,需要提前充满电。
2) 将车辆四轮利用两柱举升机离地 15~20cm。

警示!

1) 整个操作过程必须由实训教师完成,学生仅通过显示装置记录显示结果!
2) 车辆运行期间,严禁车辆前后站立学生!

以下以丰田普锐斯为例,介绍混合动力汽车能量图的识别。

> **提示**:普锐斯采用丰田混合动力系统(THS),如图 2-2-44 所示,它利用汽油内燃机和电机两种动力系统,通过串联和并联相结合的形式进行工作。系统在行车过程中可以不断检测车辆行驶工况,然后通过管理控制系统对车辆动力分配装置的工作模式进行调整,从而达到省油减排的目的。

1. 识别能量图显示形式

起动车辆,操作混合动力汽车信息显示屏,找到以下显示信息:

位于混合动力汽车的娱乐系统显示屏或仪表信息显示中心,均设计有车辆运行状态的实时能量图。

图 2-2-44 丰田混合动力系统

该能量图指示了行车过程中动力电池与驱动电机之间电能的流动情况,如图 2-2-45 所示。

图 2-2-45 混合动力汽车能量图显示界面

能量图会显示以下状态信息：

1）电源关闭：动力电池驱动没有电能流向车轮。

2）电池驱动：当电能从动力电池流向车轮时，电池图标会被激活。

3）制动能量回收：当车辆进行再生制动或者滑行时，再生的电能会由车轮返回至电池。

有些混合动力汽车仪表中都会设计有一个类似功能的能量指示符号（图2-2-46），该符号指导以有效率的方式驾驶，要求保持屏幕中球体为绿色，且处于仪表中间，此时车辆的燃油经济性或电力使用的效率最高。

1）当加速时，如果球体变黄并向上运行，表示加速过猛，不利于效率最佳化。

2）当制动时，如果球体变黄并向下运行，表示制动过猛，也不利于效率最佳化。

图2-2-46 混合动力汽车能效表形式

2. 记录能量图显示的状态

释放车辆驻车制动，并将档位挂入D档，尝试运行以下形式状态，并记录能量图显示的状态。

1）空载起步。

2）加速。

3）匀速。

4）急加速。

5）释放加速踏板滑行。

6）制动车辆。

3. 分析记录的能量显示状态

1）起步或中低速。当车辆处于起步或中低速运转时，内燃机不用于驱动车辆，而由蓄电池供电给电机，电机直接驱动车辆，此时车辆不排放废气。纯电驱动车辆如图2-2-47所示。

2）普通行驶状态。当车辆处于普通行驶状态时，车辆的行驶动力由内燃机为主，内燃机驱动车轮，同时也带动电机工作。内燃机起动如图2-2-48所示。

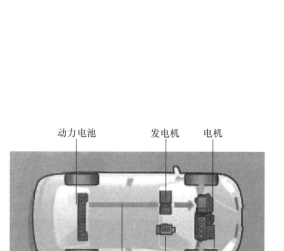

图2-2-47 纯电驱动车辆

3）急加速。车辆瞬间加速时，车辆动力电池会提供额外的动力给电机，电机会辅助内燃机来提高整车动力，改善整车加速性能，此时内燃机瞬态加速性能大幅提高。电池与内燃机同时工作如图2-2-49所示。

4）减速、制动。当车辆减速、制动时，车轮驱动电机，电机起到发电机作用，再生制动将动能转变为电能，并储存于镍氢蓄电池。制动能量回收如图2-2-50所示。

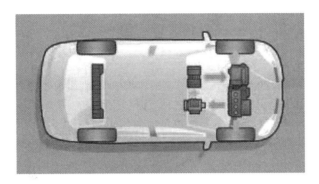

图 2-2-48 内燃机起动

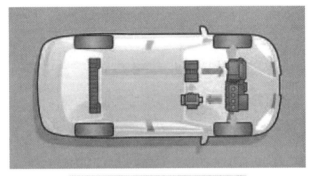

图 2-2-49 电池与内燃机同时工作

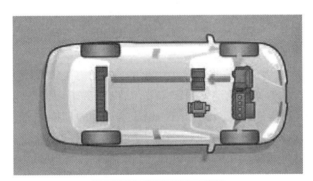

图 2-2-50 制动能量回收

5）蓄电池能量低。当系统检测到蓄电池电量低时，内燃机可以在驱动车辆的同时，随时带动发电机运转给蓄电池充电。内燃机补充发电如图 2-2-51 所示。

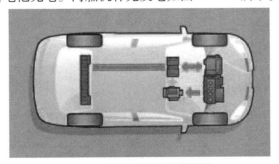

图 2-2-51 内燃机补充发电

复 习 题

1. 判断题

（1）混合动力汽车通常就是指油电类型混合动力汽车，即为内燃机与动力电池、电机的驱动混合。（   ）

（2）由于还保留内燃机，混合动力汽车一般使用了液压助力转向系统。（   ）

（3）在串联式混合动力设计中，车辆的驱动仅仅是由驱动电机来单独完成的。（   ）

（4）目前市场上合资品牌的混合动力汽车大多数采用混联式设计类型。（   ）

（5）轻度混合动力车辆中的电机能够单独驱动车辆行驶。（   ）

（6）插电式混合动力汽车（PHEV），是可以通过外部连接的电源进行充电的。（   ）

（7）并联式变速驱动单元机构的最大优点是可以在电力驱动模式失效时，单纯依靠内燃机也可以由变速单元继续驱动车辆行驶。（   ）

（8）混合动力汽车在全速驱动模式，需要更大加速度时，电机和发动机一起传输动力驱动车辆行驶。（   ）

（9）有些混合程度较重的车型，在起步时都是由纯电力驱动的，内燃机处于关闭状态。（   ）

2. 单项选择题

（1）按混合动力汽车驱动系统的连接方式分类，可以分成（   ）。
A. 串联式　　　　B. 并联式　　　　C. 混联式　　　　D. 以上都正确

（2）车辆的驱动是由内燃机和驱动电机组合完成的混合动力设计，属于（   ）。
A. 串联式　　　　B. 并联式　　　　C. 混联式　　　　D. 以上都不对

（3）混合动力技术的主要发展方向是（   ）。
A. 轻度混合动力　B. 中度混合动力　C. 重度混合动力　D. 以上都错误

（4）混合动力汽车的变速驱动单元内部主要包含有（   ）。
A. 用于驱动和发电的三相电机　　　B. 用于实现动力切换的离合器
C. 用于实现输出动力变速的齿轮机构　D. 以上全部

（5）丰田普锐斯的变速驱动单元内部设计有（   ）驱动电机。
A. 1个　　　　　B. 2个　　　　　C. 3个　　　　　D. 4个

3. 多项选择题

（1）与传统内燃机汽车相比，混合动力汽车需要做出改进的地方是（   ）。
A. 内燃机　　B. 转向系统　　C. 制动系统　　D. 安全气囊系统　　E. 灯光系统

（2）并联式混合动力的特点是（   ）。
A. 内燃机和驱动电机共同驱动车辆行驶
B. 没有单独设计有发电机，在没有外部充电或辅助电源的情况下，动力电池获取电能的唯一途径是驱动电机的能量回收
C. 具有的优点是采用了一个或多个电机辅助内燃机，使得内燃机的设计可以更小
D. 存在的缺点是需要用复杂的软件来优化驱动电机和内燃机同时输向驱动轴的力矩

（3）按混合动力汽车的混合程度分类，分为（   ）。
A. 弱混合动力　　　　B. 轻度混合动力　　　　C. 中度混合动力

D. 重度混合动力　　　　E. 强度混合动力

(4) 插电式混合动力汽车配置的部件有（　　）。

A. 内燃机　　　　B. 动力电池　　　C. 变速驱动单元

D. DC – DC 变换器　　E. 车载充电器

(5) 混合动力汽车采用的电机通常是三相交流电机，它替代了传统汽车上的（　　）。

A. 发电机　　　　B. 起动机　　　C. 空调压缩机

D. 水泵　　　　　E. 鼓风机

(6) 混合动力汽车在工作过程中，具有以下几种工作模式（　　）。

A. 纯电动模式　　　B. 传统燃油模式　　C. 能量回收模式

D. 怠速充电模式　　E. 驱动与发电模式，以及全速驱动模式

(7) 混合动力汽车在运行过程中，通常可以细分成以下几种运行模式（　　）。

A. 起步加速　　　　B. 低速巡航和高速巡航

C. 加速　　　　　　D. 减速　　　　　　E. 自动停车

模块三 燃料电池与其他能源动力汽车

单元一 燃料电池汽车结构

情境导入

燃料电池汽车作为零排放、零油耗被越来越多的汽车厂商所青睐。你作为一名新能源汽车专业的人员，你的主管让你为客户做一个关于燃料电池汽车的报告，你能完成这个任务吗？

学习目标

1. 能够描述燃料电池的应用。
2. 能够描述燃料电池的类型与工作原理。
3. 能够描述燃料电池汽车的结构与工作原理。
4. 能够描述典型的燃料电池汽车的特点。

知识学习

一、燃料电池的应用

1. 氢能源与燃料电池

氢在地球上属于最丰富的元素之一，但是它不能以其自然形式存在，如在大气中，氢是和氧共同作用形成水存在的。在很多自然界的矿物中也能找到氢，如天然气、煤、石油等。要把氢存储起来用作燃料，必须进行一系列工序把这些物质分离出来，如图3-1-1所示。

燃料电池就是氢动力电池，氢是一种优质燃料，与等量的化石燃料相比，它的比能非常高。1kg 氢的能量是 1kg 汽油能量的 3 倍。

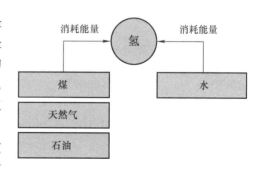

图 3-1-1　氢存在的形式

燃料电池是一种把氢氧化学能转化成电能的电化学装置。典型燃料电池外观如图3-1-2所示。在燃料电池内发生的化学反应与水的电解过程刚好相反，电解是通过施加电流将水分解成氢和氧的过程，在电解时需要消耗能量。

2. 燃料电池的优点

燃料电池本身不会产生任何碳排放，排放的只有水和热量。

燃料电池汽车的能量转换效率也比一般内燃机汽车更高，由内燃机提供动力的车辆能量转换效率只有15%～20%，而燃料电池汽车的能量转换效率能达到40%以上。

图3-1-2 典型燃料电池外观

此外，如果利用燃料电池作为汽车动力来源，其运动部件非常少，稳定性更强。

3. 燃料电池堆

单个燃料电池本身没有多少用途，因为它产生的电动势小于1V。运用在汽车上的燃料电池通常是把数百个燃料电池组合在一起做成一个燃料电池堆。在这种布置中，燃料电池串联在一起，这样的电池堆的总电压是每个单电池电压的总和。燃料电池堆中的燃料电池是首尾连接，汽车用的燃料电池堆含有约400多个电池，如图3-1-3所示。

燃料电池堆的总电压由组成该电池堆的电池数量决定，然而电池堆的产电能力由电极的表面积决定。由于燃料电池堆的输出功率与电压和电流都有关系，所以增加电池数量或者增大电池的表面积都能提高输出功率。根据车辆所需要的输出功率及空间限制，有些燃料电池汽车使用多个电池堆。

4. 燃料电池应用于汽车存在的问题

虽然目前很多汽车制造商开始设计和研

图3-1-3 汽车用燃料电池堆由数百个单电池串联而成

发燃料电池汽车，并致力于提高燃料电池系统的设计，但是没有一款由燃料电池提供动力的汽车能够大规模生产。原因包括成本高、缺少加燃料的基础设施、缺乏安全保障、汽车续驶里程不足，以及不够经久耐用和冷起动问题，这都影响和制约了燃料电池汽车的发展。

二、燃料电池的类型与工作原理

1. 燃料电池的类型

燃料电池的类型很多，主要的区别在于所用的电解质种类不同。有些电解质常温下运行效果很好，而有些需要在温度高达 900℃ 的情况下才能正常工作。表 3-1-1 所列为目前比较常见的燃料电池类型。

表 3-1-1 常见的燃料电池类型

	PAFC 磷酸燃料电池	PEM 质子交换膜燃料电池	MCFC 熔融碳酸盐燃料电池	SOFC 固态氧化物燃料电池
电解质	磷酸	磺酸聚合物	锂、钾碳酸盐	稳态钇氧化锆
燃料	天然气、氢	天然气、氢	天然气、合成气	天然气、合成气
工作温度	182~210℃	80~100℃	593~704℃	649~1815℃
电效率	40%	30%~40%	43%~44%	50%~60%
制造商	ONSI 公司	艾维斯塔、PP 公司等	IHI、日立、西门子	霍尼韦尔公司
应用	固定电源	汽车、移动电源	工业及公共电源	固定电源

最合适汽车使用的燃料电池是质子交换膜燃料电池，也称为 PEM 燃料电池。PEM 燃料电池需要用氢作为能源，可以是直接存储在车辆上的氢，或者是由另一种燃料生成的氢。

2. 质子交换膜燃料电池的工作原理

质子交换膜燃料电池发电过程不涉及氢氧燃烧，能量转换率高，发电时不产生污染，发电单元模块化，可靠性高，组装和维修都很方便，工作时也没有噪声，是一种清洁、高效的绿色环保电源。在燃料电池内部，质子交换膜为质子的迁移和输送提供通道，使得质子经过膜从阳极到达阴极，与外电路的电子转移构成回路，向外界提供电流。因此，质子交换膜的性能对燃料电池的性能起着非常重要的作用，其性能的好坏直接影响电池的使用寿命。

在原理上，质子交换膜燃料电池相当于电解水的"逆"装置。其单个电池由阳极、阴极和含催化剂涂层的质子交换膜构成，阳极为氢燃料发生氧化的场所，阴极为氧化剂还原的场所，两极都含有加速电极电化学反应的催化剂，质子交换膜作为电解质。工作时，相当于一个直流电源，其阳极即电源负极，阴极为电源正极，其工作原理如图 3-1-4 所示。

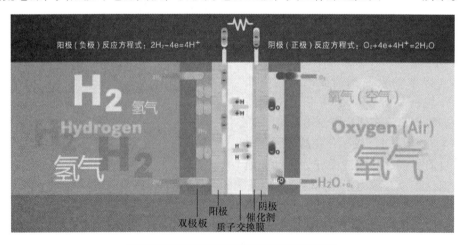

图 3-1-4 PEM 燃料电池工作原理示意图

氢气直接被输送到负极，氧气直接被输送到正极。氢以分子的形式被输送至负极，在有催化剂的情况下氢气被分解成 H^+ 离子（质子）。通过外电路输送氢原子的电子（e^-）产生用于进行工作的电。然后，这些相同的电子被送到正极，通过膜返回的 H^+ 离子在有催化剂的情况下，在正极与氧发生化学反应产生水和热量。

3. 甲醇燃料电池

由于采用氢作为燃料电池燃料时，存储氢需要使用高压气缸的成本和安全性均不是很理想，因此另一种改进的 PEM 燃料电池方法是用液态甲醇替代氢气，如图 3-1-5 所示。

制造甲醇最常用的方法是用天然气合成甲醇，甲醇的化学式是 CH_3OH。它比气态氢的能量密度更高，因为常温下它以液态形式存在，无须使用压缩机或其他高压设备。使用液态取代高压气体给燃料电池汽车加燃料，这样的过程将更加简单，几乎与汽油车添加汽油一样，如图 3-1-6 所示。

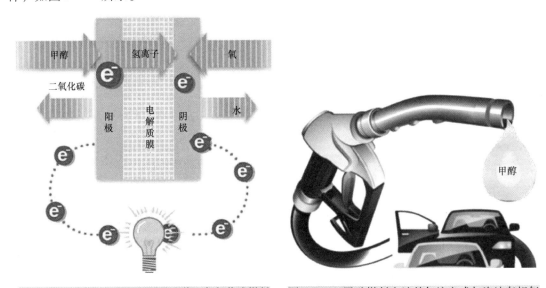

图 3-1-5　甲醇燃料电池用甲醇取代了氢气作为燃料　　图 3-1-6　甲醇燃料电池的加注方式与汽油车相似

然而，甲醇本身有腐蚀性，这使得甲醇不能存储在现有的燃油箱中，需要建立一个单独处理和存储甲醇的基础设施。此外，在甲醇燃料电池中，甲醇穿过膜装置会降低电池的工作性能。甲醇燃料电池的结构中也需要大量的催化剂，这就导致其成本也会升高。

三、燃料电池汽车的结构与工作原理

燃料电池汽车是指以氢气或甲醇等为燃料，通过化学反应产生电流，依靠电动机驱动的汽车，其基本驱动原理如图 3-1-7 所示。燃料电池车辆是无污染汽车，燃料电池的能量转换效率比内燃机要高 2~3 倍，从能源的利用和环境保护方面而论，燃料电池汽车是一种理想的新能源汽车。

燃料电池汽车的主要结构是上述的燃料电池堆及相应的附属装置，图 3-1-8 所示为本田 FCX 燃料电池汽车动力系统结构示意图，其各个部件的功能如下：

（1）增湿器　增湿器位于燃料电池系统盒内，在通往电池堆阴极的空气管道里面。

PEM 燃料电池的水管理系统非常重要，水太多会妨碍氧气与正极接触，水太少会让电解质变干，降低其导电性。燃料电池内水的多少及其位置对确定燃料电池的启动温度很重要，因为水在燃料电池内会结冰阻碍电池的启动。增湿器的作用是平衡，通过让正在阴极蒸

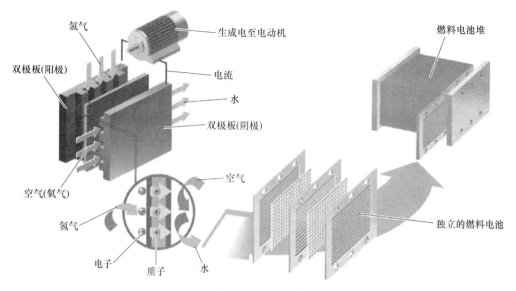

图 3-1-7　燃料电池汽车驱动原理图

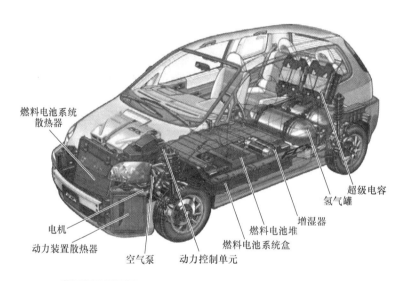

图 3-1-8　本田 FCX 燃料电池汽车动力系统结构示意图

发的水分循环给燃料电池提供充足的水分。

（2）燃料电池冷却系统　正常工作过程中燃料电池会产生热量，会导致聚合物电解质膜损坏，所以必须用液体冷却系统把余热从燃料电池堆中带走。燃料电池产生的热属于低品位热能，冷却液与周围空气之间的温度差别很小，这种情况下，热转移会很慢，必须用表面积非常大的散热器，如图 3-1-9 所示的本田 FCX 散热器。

有些情况下，如果前机舱位置不够，散热器也会被安装在其他位置，如在本田的 FCHV 车型中，该车下面装了一个辅助散热器来提高冷却系统的排热能力。

（3）空气泵　在所有行驶条件下，必须以适当压力和流速给燃料电池堆送风使其正常工作。车载空气泵把大气压缩后输送给燃料电池的正极就能达成此功效。

（4）二次电池　混合动力汽车设计能提高传统汽车传动的效率，因为制动及其他正常运行过程中损失的能量存储起来以后可以供高压电池或超级电容器使用。在燃料电池汽车中设计二次电池，可以提高汽车的驾驶性能。因为电存储设备能够立即提供能量给驱动电机，并且克服了燃料电池部分的加速滞后情况。

1）高压电池。大多数燃料电池汽车设计中用镍氢电池作为二次电池，通常安装在汽车后部，如图3-1-10所示。二次电池的构造与燃料电池堆相似，由很多单体电池串并联构成一个高压电池组。

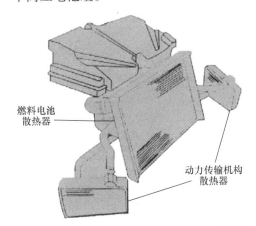

图3-1-9　本田FCX用一个大散热器冷却燃料电池，两个小散热器冷却传动机构

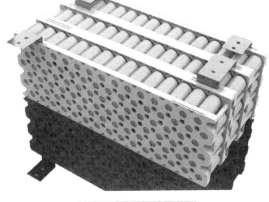

图3-1-10　高压电池组

2）超级电容器。电池中存储电能的另一种形式是超级电容器。电容器是一种能阻止直流电、允许交流电通过的电气设备。然而，电容器也能利用正负电荷之间的静电吸引存储电能。

超级电容器与传统电容器的构造大不相同。超级电容器是建立在双电层理论基础上的一种全新电容器，其中两个活性碳电极浸在有机电解液里。电极的表面积非常大，被膜隔开，允许离子移动但是能阻止两个电极接触，如图3-1-11所示。由于离子在电解液内移动，所以充电和放电时并没有发生化学反应。超级电容器能够快速、高效地充放电，这个特点使得超级电容器很适合使用在燃料电池汽车上作为辅助二次电池用。

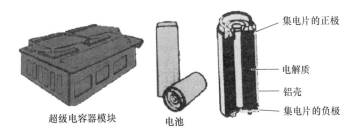

图3-1-11　超级电容器模块及单体电池的结构

用于燃料电池汽车的超级电容器由多个并联在一起的圆柱形电池组成，这样的效果是总电容等于各个单电池电容的总和。例如，10个并联在一起的1.0F的电容器的总电容是

10.0F。电容越大，表示存储电能力越强，从而给燃料电池汽车内的电机辅助力越大。

（5）驱动电机 用于燃料电池汽车的驱动电机与目前混合动力汽车内的驱动电机非常相似，普通驱动电机以同步交流设计为基础，有时也用直流无刷电机。交流电机不使用换向器或者电刷，取而代之的是三相定子和永磁转子，如图3-1-12所示。用逆变器产生电机需要的三相高压交流电，虽然电机本身结构简单，但是起动和控制系统却相对复杂。

（6）驱动桥（图3-1-13） 除氢燃料外，燃料电池汽车的高效节能还体现在电传动技术上。燃料电池汽车使用的驱动电机，只要简单地减小它们的最终传动，然后用一个差速器把动力输送到主动轮。无须换档，完全取消了如液力变矩器、离合器等机构。也不用倒车档，只需要把反向供电给驱动电机即可以实现倒车。

图3-1-12 驱动电机结构

用于燃料电池汽车的驱动桥非常简单，几乎没有运动件，这使它极其耐用、安静及稳定。

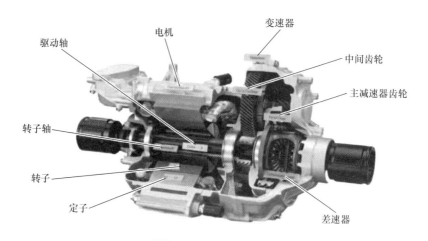

图3-1-13 驱动桥总成

（7）电源控制单元（PCU） 燃料电池汽车的传动机构由电源控制单元（PCU）控制，PCU控制燃料电池的输出功率，并让电在各种不同部件之间流动。充当逆变器就是PCU的作用之一，它把燃料电池堆输出的直流电转变成三相交流电，供汽车的驱动电机使用，如图3-1-14所示。

再生制动过程中，驱动电机充当发电机，将汽车的动能转变成高压电池组充电的电能。PCU必须将电机的三相交流电压转变成直流电压输送给电池，燃料电池输出的直流电也通过PCU的控制给高压电池组充电。

模块三 燃料电池与其他能源动力汽车 | 117

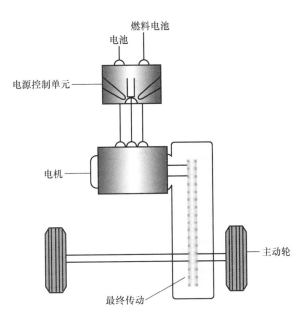

图3-1-14 丰田燃料电池车辆电源控制单元控制各个部件之间电流关系

四、典型的燃料电池汽车介绍

1. 本田燃料电池汽车

本田 FCX 自 1999 年首次发布"FCX–V1"燃料电池试验车后,先后经过了"FCX–V2""FCX–V3""FCX–V4"和"FCX"5 代艰苦的开发历程。2002 年"FCX"首次取得美国政府认定,同年 9 月"FCX"首次获得美国环境保护厅(EPA)"零污染车辆"认定。2002 年 12 月 2 日,本田同时向日本政府和美国洛杉矶市政府交付了首批 FCX,成为世界上第一家实现商品化销售的燃料电池车生产厂家。本田 FCX 车型如图 3-1-15 所示。

图 3-1-15 本田 FCX 车型

(1) 本田 FCX 的重要部件(图 3-1-16)

1) 动力控制单元(PCU)。PCU 结构更加紧凑,置于电机之上。这样的装置,在前部受到撞击时,可以保护一些高压的部件。

2) 集成的电机和变速器装配。紧凑的设计,让这套组合进入到小型车内成为可能。

3) 超级电容。位置微斜置于后座位之后,确保足够的行李箱空间。

4）后车架结构。双段式后车架，包含一个副车架，有效地在撞击时保护储氢罐。

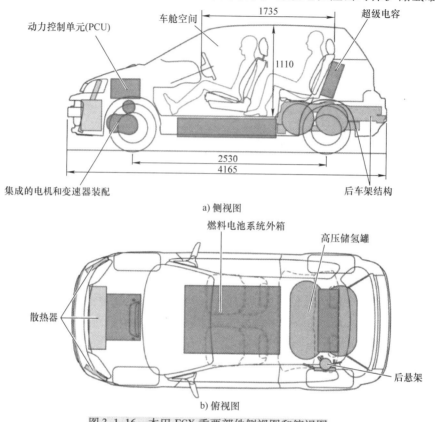

图 3-1-16 本田 FCX 重要部件侧视图和俯视图

5）散热器。由于采用了紧凑的电机和变速器，因此可以使用一个更大的燃料电池系统散热器，微斜置于车头的两侧还安装了稍小的散热器，供驱动系统散热。

6）燃料电池系统外箱。外箱包括燃料电池堆及其他动力生成部件，位于地板之下，以保证足够的车舱空间。

7）高压储氢罐。位于后座之下，以确保足够的行李箱空间。

8）后悬架。悬架的安装与高压储氢罐和副车架保持一致，易于安装。

9）组合仪表。本田 FCX 的仪表（图 3-1-17）与传统汽车相比，主要增加有超级电容容量显示和超级电容充电显示，并同时增加有动力输出显示。

图 3-1-17 本田 FCX 的仪表

（2）本田 FCX 的运行模式

1）起步和加速时（图 3-1-18）。输出由燃料电池和超级电容提供。超级电容在极短的时间内辅助燃料电池达到最大的性能。

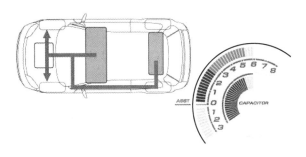

图 3-1-18　起步和加速时

2）轻微加速和巡航时（图 3-1-19）。输出只由燃料电池提供。燃料电池负责给电动机提供必需的动力，电容不用辅助。

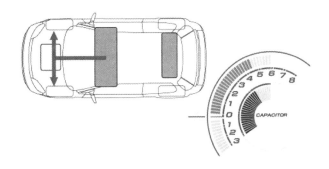

图 3-1-19　轻微加速和巡航时

3）减速时（图 3-1-20）。能量被回收存储在超级电容里。超级电容能回收在制动时产生的能量，有效地提高能源效率。

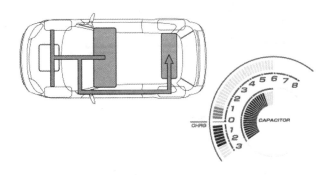

图 3-1-20　减速时

4）停车时（图 3-1-21）。急速停车时，自动急速停车系统将切断从燃料电池输送过来的输出，以节省燃料消耗。系统在感应到驾驶人操纵的起步信号后，可迅速由燃料电池和超级电容协同提供所需的动力。

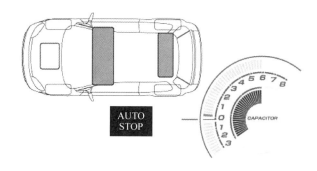

图 3-1-21 停车时

2. 奔驰 B 级 F – Cell 燃料电池汽车

在 2005 年的日内瓦车展上,戴姆勒·克莱斯勒(Daimler – Chrysler)作为燃料电池驱动的先行者,发布了新一代燃料电池汽车——奔驰 B 级燃料电池车,从而将燃料电池汽车家族的车型范围拓展到运动旅行车。

作为一款适合旅行、家庭和休闲的汽车,这款燃料电池汽车采用了奔驰创新的夹层式车身结构,这种独特的设计非常便于应用燃料电池动力系统。B 级燃料电池汽车的高转矩电机,能输出超过 100kW 的功率,比前一代 A 级 "F – Cell" 的功率高出 35kW。在这惊人的技术数据背后,暗示着 B 级燃料电池汽车充满活力的驾驶感受与零排放运行的完美融合。

在减少了燃料消耗并进一步提高了存储容量之后,B 级燃料电池汽车的续驶里程已达约 400km。2009 年年底,B 级燃料电池汽车型正式投入批量生产,首批 200 台于 2010 年初交付欧洲和美国市场上的消费者。

奔驰燃料电池 F – Cell 汽车结构如图 3-1-22 所示,氢气加注口和锂离子蓄电池如图 3-1-23 所示。

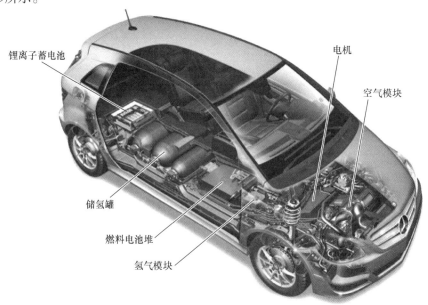

图 3-1-22 奔驰燃料电池 F – Cell 汽车结构

模块三 燃料电池与其他能源动力汽车

图 3-1-23 氢气加注口和锂离子蓄电池

3. 通用燃料电池汽车

基于欧宝赛飞利的"氢动三号"燃料电池汽车，由 200 块相互串联在一起的燃料电池单元组成的燃料电池堆产生电力。燃料电池堆所产生的电能传递给电动机后，通过功率为 60kW 的三相异步电动机驱动车辆行驶，几乎不产生任何噪声。"氢动三号" 0～100km/h 的加速时间约为 16s，最高时速达到 150km/h。储氢罐分为两种，一种罐储存的是温度为 -253℃的液态氢，另一种罐储存的是承受最高压力可达 70MPa（700bar）的压缩氢。一次充气行驶里程分别可达 400km 和 270km。

通用燃料电池汽车结构如图 3-1-24 所示。

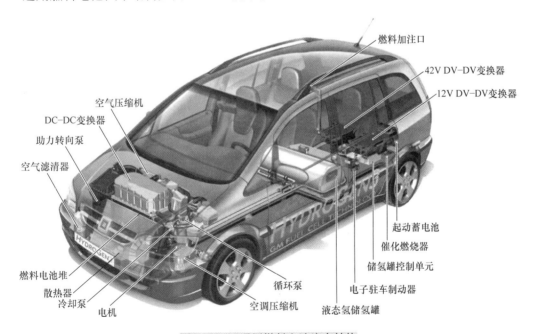

图 3-1-24 通用燃料电池汽车结构

> **知识拓展**

氢气的存储

（1）背景　燃料电池汽车面临的一个难题是怎样在车上存储足够的氢气来让汽车能有合理的行驶里程。氢气的能量比很好，但是它的能量密度小于传统的液体燃料，即使在高压情况下，其物理密度也很小。如早期的通用汽车一款燃料电池汽车使用了3个储氢罐，如图3-1-25所示。

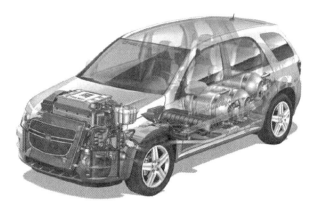

图3-1-25　通用汽车的一款燃料电池汽车使用了3个储氢罐

（2）改进存储方式

1）高压压缩气体。目前大多数燃料电池汽车使用压缩氢气，它以高压气体的形式存储在储氢罐内。一般会用多个小存储罐而不是用一个大的，原因是这样能够把它们布置在车辆的多个空间中。这种方式的缺点是在高压压力的情况下，只能用气缸存储气体。这样的气缸外面产生大量未用空间，导致进一步减小氢气的存储容量。

本田FCHV采用额定压强为35MPa的高压储氢罐如图3-1-26所示。

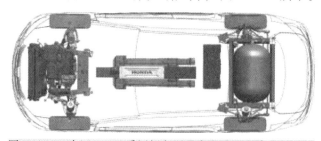

图3-1-26　本田FCHV采用额定压强为35MPa的高压储氢罐

高压储氢罐一般是由几层碳纤维铝套筒包起来制作而成的，罐外层是一层纤维玻璃。与传统汽车的加油过程不同，燃料电池汽车用一个特殊的高压配件给压缩氢气存储罐加氢气。

2）液氢。使氢气液化可达到提高其能量密度的目的，但是这要求液氢存储在-253℃的低温罐内。这样能够提高汽车的续驶里程，但是降低了总的工作效率，因为液化氢气需要大量的能量，存储时还会存在蒸发现象。

3）固态氢。目前发现以固态形式存储氢的一种方法是以金属氢化物的形式存储，与镍金属电池的工作方式相似。

复 习 题

1. 判断题

（1）燃料电池是一种把氢氧化学能转化成电能的电化学装置。（　）
（2）燃料电池本身不会产生任何碳排放，排放的只有水和热量。（　）
（3）燃料电池的优点很多，因此已经得到大规模应用。（　）
（4）燃料电池堆的总电压由组成该电池堆的电池数量决定。（　）
（5）燃料电池的类型很多，主要的区别在于所用的燃料种类不同。（　）
（6）PEM 燃料电池可以用液态甲醇替代氢气。（　）

2. 单项选择题

（1）燃料电池采用的燃料是（　　）。
A. 汽油　　　B. 柴油　　　C. 乙醇　　　D. 氢气
（2）燃料电池汽车的效率能达到（　　）以上。
A. 30%　　　B. 40%　　　C. 50%　　　D. 60%
（3）最合适汽车使用的燃料电池是（　　）。
A. 质子交换膜燃料电池　　　B. 磷酸燃料电池
C. 熔融碳酸盐燃料电池　　　D. 固态氧化物燃料电池
（4）世界上第一家实现商品化销售的燃料电池汽车生产厂家是（　　）。
A. 丰田　　　B. 通用　　　C. 奔驰　　　D. 本田

单元二　其他能源动力汽车

情境导入

虽然现在市场上很少有替代燃料新能源汽车，但是随着燃料提炼技术的进一步发展，替代燃料汽车也作为新能源汽车其中一个发展方向。

你作为一名新能源汽车专业的学生，你能向其他同学介绍当前有哪些类型的替代燃料汽车吗？

学习目标

1. 能够描述燃气汽车的类型与特点。
2. 能够描述生物燃料汽车的燃料类型与特点。
3. 能够描述氢气汽车的特点、组成与工作原理。
4. 能够描述太阳能电动汽车的组成与工作原理。
5. 能够描述典型的替代燃料汽车的特点。

知识学习

一、燃气汽车的类型与特点

以可燃气体为燃料的汽车称为燃气汽车。目前常用的燃气汽车有压缩天然气汽车（CNGV）、液化天然气汽车（LNGV）和液化石油气汽车（LPGV），它们分别以压缩天然气、液化天然气和液化石油气为燃料。也有与传统汽油、柴油配合使用的，称为双燃料汽车。其中，氢气汽车（HICEV）则是正在研发的最有前景的燃气汽车。

1. 压缩天然气汽车（CNGV）

压缩天然气汽车（Compressed Natural Gas Vehicle，CNGV）使用的燃料是压缩的天然气，是天然气压缩到20MPa并以气态储存在容器中。它的主要成分是甲烷（CH_4），气体密度约$0.8kg/m^3$，热值约$38MJ/m^3$，燃点约450℃，无色、无味、无毒、无腐蚀性、易燃易爆、燃烧充分、不留炭黑和杂质，被誉为"绿色燃料"。

压缩天然气汽车的加注口如图3-2-1所示，压缩天然气汽车（CNGV）主要结构如图3-2-2所示。

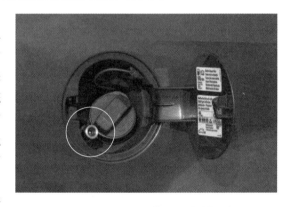

图3-2-1 压缩天然气汽车的加注口

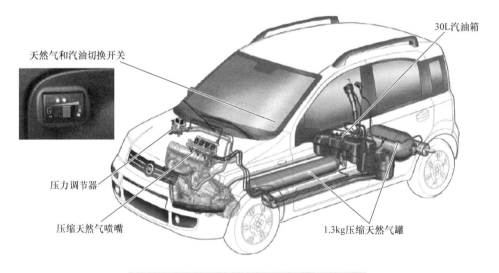

图3-2-2 压缩天然气汽车（CNGV）主要结构

2. 液化天然气汽车（LNGV）

液化天然气汽车（Liquefied Natural Gas Vehicle，LNGV）使用的燃料是液化的天然气，是天然气经过超低温深冷到-162℃形成的，成分与压缩天然气相同，其体积约为同量气态天然气体积的 1/600。液体密度约 450kg/m³。

液化天然气目前更多的是运用于商用车，如图 3-2-3 所示。

图 3-2-3　液化天然气目前更多的是运用于商用车

3. 液化石油气汽车（LPGV）

液化石油气汽车（Liquefied Petroleum Gas Vehicle，LPGV）使用的燃料是液化的石油气，是从石油中提炼出来的，主要成分是丙烷。

液化石油气的加注状态和上面的加注口如图 3-2-4 所示。

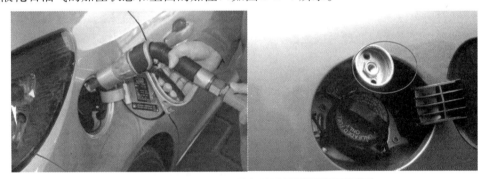

图 3-2-4　液化石油气的加注状态和上面的加注口

使用 CNGV 和 LNGV 的优点有：

1）有害气体排放低。天然气和液化石油气在常温下为气态，容易与空气混合形成均匀的可燃混合气，燃烧完全，可以大幅度减少 CO、HC 和微粒的排放。另外，天然气和液化石油气的火焰温度低，因此 NO_x 的排放量也相应减少。

2）热效率高。天然气辛烷值高达 130，因此可提高发动机的压缩比，从而获得较高的发动机热效率。

3）冷起动性和低温运转性能良好。在暖机期间无须加浓混合气。

4）可以燃用稀混合气。其燃烧界限宽，稀燃特性优越，可以减少 NO_x 的生成和改善燃料经济性。

5）延长润滑油更换周期。因其不稀释润滑油，可以延长润滑油更换周期和发动机使用寿命。

但同时也存在着不足有：

1）燃气的储运性能差。因为天然气在常温、常压下是气体，所以体积大，储运性能差。目前，广泛采用将天然气压缩到20MPa高压或将石油气压缩到1.6MPa，充入车用气瓶内储运的办法，这些气瓶既增加了汽车自重，又减少了载货空间。

2）一次充气的续驶里程短，动力性能有所下降。CNG（压缩天然气）或LPG（液化石油气）均呈气态进入气缸，使发动机充气系数降低；另外，与汽油或柴油相比，CNG或LPG的理论混合气热值小，因此CNG或LPG将使发动机功率下降。

3）LNG的制取比CNG要更复杂，而且在常温下只有保持在-162℃以下才能呈现为液态，故LNG的气瓶和传输管路需要具有良好的绝热性能，其设计制造相当复杂，成本较高。

二、生物燃料汽车的燃料类型与特点

生物燃料（bio-fuel）就是由生物原料生产的燃料，这些生物原料包括农林产品或其副产品、工业废弃物、生活垃圾等。农业和林业生产的碳水化合物是目前的主要生物原料，生物燃料一般是指生物液体燃料，最广泛的运用是醇类燃料和生物柴油。

1. 醇类燃料

使用醇类燃料（甲醇、乙醇等）的汽车统称为醇燃料汽车。使用甲醇燃料的汽车也称为甲醇汽车，使用乙醇（酒精）燃料的汽车也称为乙醇汽车，同时使用甲醇或乙醇与汽油的汽车称为灵活燃料汽车（Flexible Fuel Vehicle，FFV）。

醇类燃料主要以玉米、小麦、薯类、糖或植物等为原料，经发酵、蒸馏而制成，再经过进一步脱水和不同形式的处理后成为醇类燃料。获得乙醇的常见方法如图3-2-5所示。

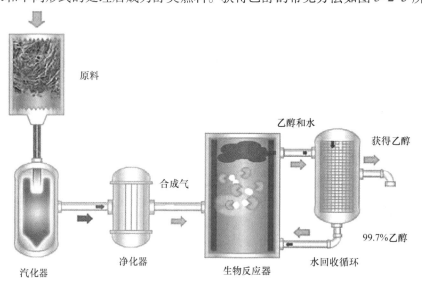

图3-2-5　获得乙醇的常见方法

醇类燃料一般不会直接用来作为汽车燃料，而是按一定的比例与汽油混合在一起使用，这有利于增加燃料的辛烷值。例如，按照我国的国家标准，乙醇汽油是用90%的普通汽油与10%的燃料乙醇调和而成的。它可以有效改善油品的性能和质量，降低一氧化碳、碳氢化合物等主要污染物的排放。它不会影响汽车的行驶性能，还能减少有害气体的排放量。当在汽油中掺兑少于10%时,对车用汽车发动机无须进行大的改动,即可直接使用乙醇汽油。

例如,F-250 Super Chief 氢燃料汽车(图3-2-6)配备除汽油外,还可以使用乙醇及氢燃料的发动机"TRI-FLEX"。一次加满汽油、E85燃料或氢以后,行驶里程可达805km。使用氢燃料行驶,燃效可提高12%,CO排放可减少99%;使用E85燃料行驶,燃效可提高10%,CO排放可减少75%。

图3-2-6 2006年福特推出的F-250 Super Chief概念车

2. 生物柴油

生物柴油是指以油料作物、野生油料植物和微藻等水生植物油脂以及动物油脂、餐饮垃圾油等为原料油通过酯交换工艺制成的可替代石化柴油的再生性柴油燃料。

作为一种可替代石化燃料的可再生燃料,生物柴油具有以下多个特点:首先,它是以可再生的动物及植物脂肪酸单酯为原料,可以降低对石化燃料的依赖,包括自产和进口;其次,生物柴油非常环保,使用生物柴油的汽车所排放出来的有害物质仅为传统柴油汽车的10%,颗粒物为普通柴油的20%;最后,生物柴油可以运用于现在普通的柴油发动机,可按任意比例与普通柴油掺和使用,在普通的加油站就可以获得。

麻风树作为我国西南亚热带植物,是重要的生物柴油提取原料。根据不同的生产方法,1t麻风树果仁最多可以制造出超过300L的生物柴油。麻风树生产生物柴油如图3-2-7所示。

图3-2-7 麻风树生产生物柴油

三、氢气汽车的特点、组成与工作原理

1. 氢气汽车的特点

这里所说的氢气汽车与燃料电池汽车不同,虽然都是以氢为能源,但是转换能量方式不

同，燃料电池汽车是将氢气化学能转换为电能驱动电机运转，而氢气汽车则是直接将氢气喷入气缸燃烧，推动曲柄连杆机构，驱动汽车运动，是将氢气化学能直接转换为机械能。

氢气燃烧生成水，所以氢气汽车是一种真正实现零排放的交通工具。然而，虽然氢气的来源广泛，但是氢气的提取需要消耗大量能源，成本高，并且氢燃料的存储和运输都较为困难，这些制约了氢气汽车的发展。

2. 氢气汽车的组成与工作原理

氢气汽车与传统汽车的不同主要在燃料供给系统。氢气汽车燃料供给系统的结构如图 3-2-8 所示，主要由氢气储存装置、高压电磁阀、过滤器、减压阀和压力表、氢气流量计量装置、电控单元和传感器、氢气喷射器，以及输送氢气的氢气无缝金属管等组成。其中电控系统由各种传感器（如发动机转速、加速踏板位置、氢气压力和温度等传感器）和控制 ECU 组成。

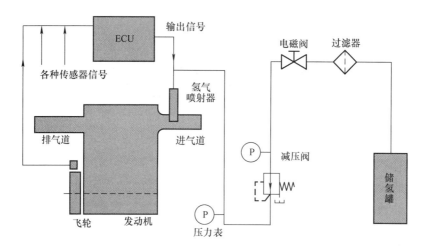

图 3-2-8　氢气汽车燃料供给系统的结构

工作时，氢气电磁阀打开，氢气从储氢罐出来，经过过滤器、电磁阀到减压阀减压，再通过氢气喷射器喷入进气歧管，与空气混合后，进入燃烧室燃烧，推动活塞做功，动力输出，排气生成的水从排气管排出。

氢气喷射器喷氢的时间和数量由 ECU 控制，取决于外部各种传感器输入的信号，如加速踏板位置、进气量、温度等，基本控制原理与电控汽油机类似。

四、太阳能电动汽车的组成与工作原理

太阳能汽车是利用太阳能电池将太阳能转换为电能，并利用该电能作为能源驱动行驶的汽车，它是电动汽车的一种。

太阳能汽车主要由太阳能电池组、向日自动跟踪器、驱动系统、控制器和机械系统等组成。

1. 太阳能电池组（图 3-2-9）

太阳能电池组是太阳能汽车的核心，由一定数量的单体电池串联或并联组成电池方阵；太阳能单体电池由半导体材料制成，当太阳光照射在该半导体材料上时，半导体的电子—空

模块三 燃料电池与其他能源动力汽车 | 129

图 3-2-9 太阳能电池组

穴对被激发，形成"势垒"，也就是 p-n 结。由于势垒的存在，在 p 型层产生的电子向 n 型层移动而带正电，而在 n 型层产生的空穴向 p 型层移动而带负电，于是在半导体元件的两端产生 p 型层为正的电压，即形成了太阳能电池。太阳能电池的电流大小与太阳光照射强度的大小和太阳能电池面积的大小成正比。车用太阳能电池将很多太阳能电池排列组合成太阳能电池板，以产生所需要的大电流和高电压。太阳能电池工作原理如图 3-2-10 所示。

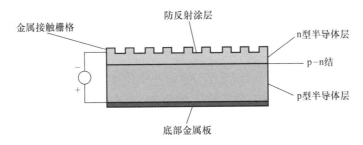

图 3-2-10 太阳能电池工作原理

2. 向日自动跟踪器

太阳能电池能量的多少取决于太阳能电池板接收太阳辐射能量的数量，由于太阳相对位置的不断变化，太阳能电池板接收的太阳辐射能量也在不断变化。向日自动跟踪器的作用就是保持太阳能电池板正对着太阳，最大限度地提高太阳能电池板接收太阳辐射能量的能力（太阳能汽车由太阳能电池板在向日自动跟踪器的控制下始终正对太阳，接收太阳光，并转换成电能，向电机供电，再由电机驱动汽车行驶，它实际上是一种电动汽车，其工作原理与串联式混合动力汽车基本相同）。

太阳能汽车能量流动路径如图 3-2-11 所示。

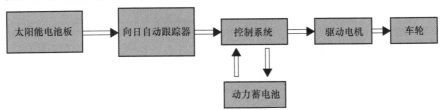

图 3-2-11 太阳能汽车能量流动路径

3. 驱动系统

太阳能汽车采用的驱动电机主要有交流异步电机、永磁电机、直流电机等，其驱动系统与电动汽车基本相同。

4. 控制器

控制器主要对太阳能电池组进行管理和对电机进行控制，其作用与电动汽车控制系统相同。

5. 机械系统

机械系统主要包括车身系统、底盘系统和操纵系统等。太阳能汽车最具魅力的可以说是车身了。除满足汽车的安全和外形尺寸要求外，汽车的外形是没有其他限制的。一般来说，太阳能汽车的外形设计要使行驶过程中的风阻尽量小，同时又要使太阳能电池板的面积尽量大。太阳能汽车要求底盘的强度和安全度达到最大，而且重量尽量轻。

五、典型的替代燃料汽车

1. 大众汽车压缩天然气车型：途安 TSI EcoFuel

大众途安 TSI EcoFuel 以天然气作为主要燃料，在进气歧管内装备了天然气喷射装置，并由一根共同的高压轨道提供燃料。动力系统主要为天然气模式设计。而在紧急状况下，发动机管理系统可自动将燃料供给切换到汽油模式。经过改进的发动机控制单元可完美地处理任一种操作模式。

由于采用天然气做燃料，途安 TSI EcoFuel 的一氧化碳、碳氢及氮氧化合物排放较原型汽油机车型分别降低了 80%、73% 与 80%，温室气体 CO_2 也降低了 23%。天然气消耗为 4.8kg/100km，燃料成本大大低于汽油。如果只使用天然气做燃料，途安 TSI EcoFuel 能持续行驶约 370km，加上 11L 汽油容量，最多可行驶 520km。

途安 TSI EcoFuel 燃气汽车如图 3-2-12 所示。

图 3-2-12　途安 TSI EcoFuel 燃气汽车

为提高途安 EcoFuel 车型的安全性，大众汽车进行了深入而周全的设计：如电磁阀在发动机熄火、汽油模式及车辆发生碰撞时，能自动切断天然气的供应；储气钢瓶的热安全阀与流量控制阀设计，避免了管线中不可控的压力下降；而储气钢瓶中配置的压力阀，可以避免加气时钢瓶中天然气向外倒流等。因此，在安全性上，途安 EcoFuel 与普通汽油或柴油车型并无差异。

大众汽车压缩天然气车型主要参数见表 3-2-1。

表 3-2-1　大众汽车压缩天然气车型主要参数

年款	型号	排量	最大功率	最大转矩	储气罐容量	天然气巡航能力	每行驶 100km 消耗天然气	每行驶 1km 排放 CO_2
2007	途安 EcoFuel	2.0L	80kW	160N·m	18kg	310km	5.8kg	125g
2008	开迪 EcoFuel	2.0L	80kW	160N·m	18kg	310km	5.8kg	128g
2009	帕萨特 TSI EcoFuel	1.4L	110kW	220N·m	22kg	420km	4.4kg	119g
2009	帕萨特旅行车 TSI EcoFuel	1.4L	110kW	220N·m	22kg	420km	4.4kg	121g
2009	途安 TSI EcoFuel	1.4L	110kW	220N·m	18kg	370km	4.8kg	129g

2. 奔驰汽车压缩天然气车型：E 200 NGT

NGT 是 Natural Gas Technology 的英文缩写，是奔驰运用的压缩天然气技术的简称。E 200 NGT 是奔驰以 E 级车为基础开发的以压缩天然气和汽油为燃料的双燃料汽车。它采用与 E 200 KOMPRESSOR 同样的 1.8L 直列 4 缸发动机，最大功率为 120kW，最大转矩为 240N·m，0~100km/h 加速只需要 9.8s，最高时速为 220km/h，无论采用哪种燃料，E 200 NGT 的性能都不会发生改变。

驾驶人可以通过转向盘上的按钮来随时切换两个模式。开启天然气模式以后，仪表盘上会显示当前储存天然气的数量，当天然气耗尽时，系统会自动地切换到汽油模式。汽油箱容量为 65L，位于备胎位置的天然气罐有 18kg 装载能力。当所有的燃料都充满时，E 200 NGT 可连续行驶 1000km。该型号还可以选装 80L 的汽油箱，能再增加 200km 的行程。

奔驰 E 200 NGT 压缩天然气汽车如图 3-2-13 所示。

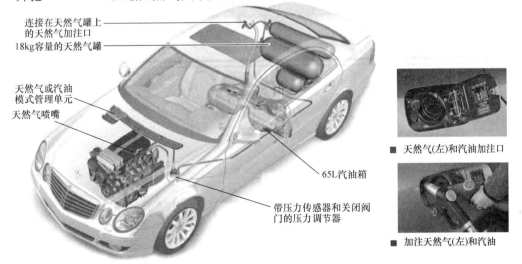

图 3-2-13　奔驰 E 200 NGT 压缩天然气汽车

3. 国产主要品牌压缩天然气汽车

国产主要品牌压缩天然气汽车见表 3-2-2。

表 3-2-2 国产主要品牌压缩天然气汽车

年款	型号	排量	最大功率	最大转矩	储气罐容量	天然气巡航能力	每千米平均费用	厂家建议零售价
2009	力帆 620CNG	1.6L	78.66kW	137N·m	60L	190km	0.15 元	7.28 万元
2009	比亚迪 F3 CNG	1.6L	73.5kW	134N·m	60L	200km	0.14 元	8.98 万元
2009	东风雪铁龙爱丽舍 CNG	1.4L	78kW	142N·m	65L	190km	0.20 元	8.48 万元
2009	长安铃木天语 CNG	1.6L	80kW	144N·m	75L	220km	0.16 元	11.08 万元
2010	长安悦翔 CNG	1.5L	72kW	137N·m	65L	200km	0.22 元	6.59 万元

4. 宝马氢气汽车 Hydrogen 7

早在 20 世纪 70 年代，宝马就开始了氢燃料的研究。第一代氢动力车是宝马在 1979 年推出的 520 汽车，装配有可使用氢气和汽油的双燃料发动机，从此拉开了宝马的液氢动力车的序幕。在 1984—1995 年间，宝马又研制了第三代氢动力车，虽然有过大量的路试，但也仅限于实验用途。1999 年，宝马推出了由 15 辆 750hL 组成的氢动力车队。这 15 辆 750hL 在德国汉诺威 2000 年世博会上作为贵宾接待车，为宝马的氢动力车市场化迈出了坚实的一步。同年，世界上第一个液氢加气站也在慕尼黑机场投入使用。

2001 年，宝马举行了"清洁能源世界巡展"。同年 9 月的法兰克福车展，宝马又推出了以全新 7 系为基础的第六代氢动力车 745h。图 3-2-14 所示宝马 745h 氢气汽车。

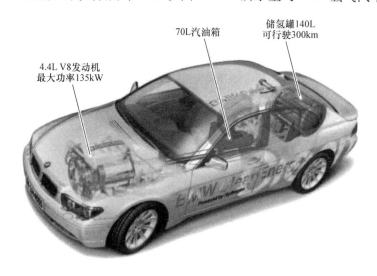

图 3-2-14 宝马 745h 氢气汽车

2004 年的巴黎车展，宝马展出了打破 9 项纪录的氢动力赛车 H2R。两年后，宝马 Hydrogen 7 诞生，一共生产了 100 辆，正式交付特定的用户使用，氢动力汽车进入准商业化运作。

Hydrogen 7（图 3-2-15）采用 6.0L V12 发动机，最大功率为 191kW，最大转矩为

390N·m。如此的性能可以让这辆豪华汽车 9.5s 内加速到 100km/h，最高时速可达到 230km/h。

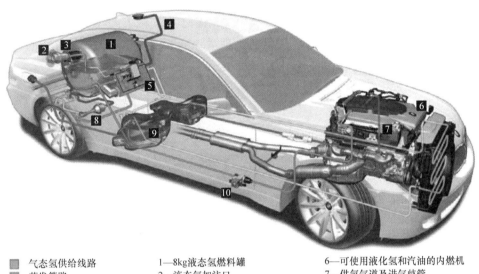

图 3-2-15　宝马 Hydrogen 7 汽车

Hydrogen 7 依然是一台使用汽油燃料和氢燃料的双燃料汽车，它拥有一个 8kg 的液态氢储氢罐和一个 74L 的汽油箱。采用液态氢的好处是在相同体积的储存空间里，低温状态下储存的液态氢比加压储存的气态氢所包含的能量要大 75% 左右。8kg（约 114L）的液态氢可行驶 200km，74L 的汽油箱可行驶 500km。

要想将氢气液化，必须将温度降低至 -253℃，并且一直保持这个温度。因此，储氢罐对于隔热效能的要求十分高。Hydrogen 7 的储氢罐（图 3-2-16）由 2mm 厚的不锈钢内胆和外胆组成，在内外胆之前，有 30mm 厚的真空隔热层。虽然宝马拥有十分有效的隔热措施，但仍不能保证氢气完全不会被蒸发。为了防止储氢罐中压力过大，通过蒸发管理系统控制燃料蒸发过程：一旦超过既定的压力水平，系统就会允许蒸发的氢气在受控状态下，从蒸发阀逸出，自动与空气混合并经催化剂氧化成水，半满的储氢罐大约 9 天就会缓慢地蒸发完，但是其蒸发过程是安全可控的，仍然有足够的氢保存在储氢罐中，足以让车辆在氢燃料运行模式下行驶一定的距离。

图 3-2-16　宝马 Hydrogen 7 储氢罐透视图

在使用汽油燃料时,汽油是直接喷射入气缸的;而使用氢燃料时,氢气和空气要在进气歧管中形成混合气。由于两种燃料的燃烧性质完全不同,因此发动机的管理系统需精确地控制使用各种燃料时发动机的各项参数。氢气燃烧得更快,与空气混合后的燃烧过程具有更快的燃烧速率,这是氢气具有的显著优点,利用宝马 V12 发动机上的 Valvetronic 电子气门管理系统和双 VANOS 凸轮轴控制系统,发动机管理系统可以针对氢气空气混合物的特定特点和要求来进行燃料喷射和气门正时、升程的控制。

宝马 Hydrogen 7 发动机透视图如图 3-2-17 所示。

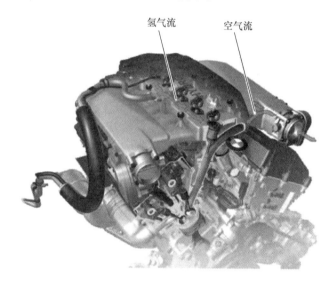

图 3-2-17 宝马 Hydrogen 7 发动机透视图

5. 马自达 RX–8 Hydrogen RE(图 3-2-18)

图 3-2-18 马自达 RX–8 Hydrogen RE

马自达 RX–8 Hydrogen RE 于 2003 年东京车展首次露面,随着 2004 年的路试、2006 年的租赁,现在已经开始准商业化运作。RX–8 Hydrogen RE 的动力源自一台 RENESIS 氢转子发动机,RENESIS 是马自达新一代转子发动机的称谓,该发动机 1999 年在 RX–EVOLV 概念车上露面，2003 年随着 RX-8 量产而正式走向市场。新一代的 RENESIS 转子发动机最大的改进是采用了侧排气/侧吸气技术，排气量为 0.65L×2，自然吸气，输出最大功率可达 184kW，最大转矩达 216N·m。燃油经济性和净化尾气排放方面也得到了大幅度的改善。

马自达 RX-8 Hydrogen RE 结构如图 3-2-19 所示。

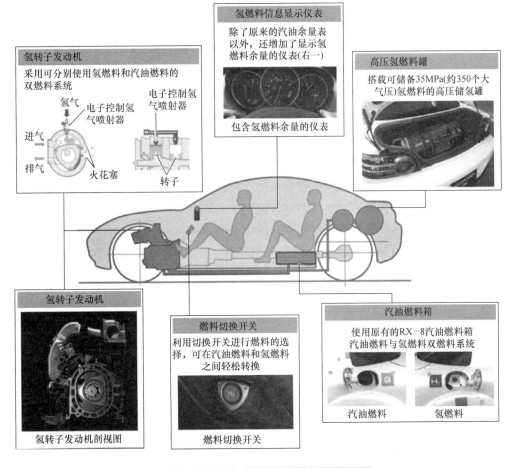

图 3-2-19　马自达 RX-8 Hydrogen RE 结构

马自达 RX-8 Hydrogen RE 上的 RENESIS 转子发动机（图 3-2-20）被设计成可使用氢燃料和汽油燃料的双燃料发动机。发动机外壳上安装了 4 个氢气喷射器。当使用汽油为燃料行驶时，发动机与 RX-8 是完全一样的，采用两侧进排气；当使用氢气为燃料行驶时，发动机便可通过安装在 RENESIS 外壳上的喷射器直接喷射氢气，由于氢气密度小，喷射量比汽油多得多，因此每个转子配备两个喷射器。使用氢燃料时，氢转子发动机的最大输出功率

图 3-2-20　RENESIS 转子发动机

为81kW，最大转矩为120N·m。使用汽油燃料时，氢转子发动机的最大功率为154kW，最大转矩为222N·m。

马自达RX-8 Hydrogen RE在后行李箱安置了一个容量74L、35MPa（约350个大气压）的储氢罐，可以行驶60km左右。马自达还有意研发70MPa（约700个大气压）的储氢罐。为了确保安全，该车还配备了4个氢气泄漏检测装置。驾驶人可以通过切换开关来选择使用汽油燃料或氢燃料，仪表上也多出了一个氢气余量显示表，以提醒驾驶人关注氢气余量。

复 习 题

1. 判断题

（1）以可燃气体为燃料的汽车称为燃气汽车。（　）
（2）燃气汽车与传统汽油、柴油配合使用的，称为双燃料汽车。（　）
（3）压缩天然气汽车采用的燃料是甲烷（CH_4），其被誉为"绿色燃料"。（　）
（4）液化天然气汽车目前更多的是运用手乘用车。（　）
（5）燃气汽车一次充气的续驶里程长，动力性能优越。（　）
（6）生物燃料一般是指生物液体燃料，最广泛的运用是醇类燃料和生物柴油。（　）
（7）醇类燃料可以直接用来当汽车燃料使用。（　）
（8）生物柴油是指以油料作物、野生油料植物和微藻等水生植物油脂以及动物油脂、餐饮垃圾油等为原料油通过酯交换工艺制成的可替代石化柴油的再生性柴油燃料。（　）
（9）氢气汽车就是燃料电池汽车。（　）
（10）太阳能汽车是利用太阳能电池将太阳能转换为电能，并利用该电能作为能源驱动行驶的汽车，它是电动汽车的一种。（　）

2. 单项选择题

（1）压缩天然气汽车的英文缩写为（　　）。
A. CNGV　　　B. LNGV　　　C. LPGV　　　D. HICEV
（2）液化石油气汽车使用的燃料是液化的石油气，是从石油中提炼出来的，主要成分是（　　）。
A. 甲烷　　　B. 甲醇　　　C. 丙烷　　　D. 丁烷
（3）使用CNGV和LNGV的优点有（　　）。
A. 有害气体排放低，热效率高　　　B. 冷起动性和低温运转性能良好
C. 燃料经济性好，延长润滑油更换周期　D. 以上都正确
（4）以玉米、小麦、薯类、糖或植物等为原料，经发酵、蒸馏而制成，再经过进一步脱水和不同形式的处理后成为（　　）。
A. 氢气　　　B. 甲烷　　　C. 汽油　　　D. 醇类燃料
（5）太阳能汽车的核心组成是（　　）。
A. 太阳能电池组　B. 向日自动跟踪器　C. 驱动系统　D. 控制器

模块四 新能源汽车高压安全与防护

单元一 新能源汽车高压电路

情境导入

很多维修技术人员谈到带高电压的新能源汽车时，都会谈"压"色变。你的主管要求你为其他人员培训如何去识别新能源汽车上的高压电，你能做到吗？

学习目标

1. 能够描述新能源汽车高压电的类型。
2. 能够描述新能源汽车高压电的标识。
3. 能够识别新能源汽车高压部件的位置。
4. 能够描述新能源汽车高压安全设计。
5. 能够识别新能源汽车的安全隐患。

知识学习

一、新能源汽车高压电的类型

1. 新能源汽车电压安全级别

依据国家标准 GB/T 18384.3—2015《电动汽车 安全要求第 3 部分：人员触电防护》要求，考虑到空气的湿度和人体在不同工作环境下的电阻，根据不同电压等级可能对人体产生的伤害和危险程度不同，在新能源汽车中将车辆电压按照类型和数值分为 A、B 两个安全级别，见表 4-1-1。

A 级是较为安全的电压等级，在直流中，最大工作电压应小于或等于 60V；在交流中，最大工作电压应低于 30V，该电压下的维护人员不需要采取特殊的防电保护。

B 级对人体会产生伤害，被认为是高压。在该电压下必须采取必要的防护设备对维护人员进行保护。

表 4-1-1　电压的安全级别

电压安全级别	最大工作电压/V	
	DC（直流）	AC（交流）
A	$0 < U \leq 60$	$0 < U \leq 30$
B	$60 < U \leq 1500$	$30 < U \leq 1000$

2. 新能源汽车高压类型

纯电动汽车和混合动力汽车的高压系统均同时具有直流高压和交流高压，如图 4-1-1 所示。

图 4-1-1　高电压车辆的主要高压类型

直流高压主要分布在动力电池到各个驱动部件的位置，如动力电池到逆变器之间连接的是直流高电压；动力电池到高压压缩机之间连接的是直流高电压。

交流高压主要分布在逆变器与驱动电机之间，以及充电接口与车载充电器之间。不同的是逆变器与驱动电机之间的交流高电压通常都在 300V 左右，而充电接口与车载充电器之间的交流高电压即为外部电网的 220V 电压。

二、新能源汽车高压电的标识

为防止意外触及高压系统，新能源汽车对高压部件均采用特殊的标识或颜色，对维修人员或车主给予警示。新能源汽车通常采用两种形式进行高压的标识警示，包括高压警示标识和高压警示颜色。

1. 高压警示标识

每个新能源汽车的高压组件壳体上都带有一个标识，售后服务人员或车主均可通过标识直观看出高压可能带来的危险，所用警示牌基于国际标准危险电压警告标识。

如图 4-1-2 所示，高压警示标识采用黄色底色或红色底色，图形上布置有高压触电国标。

图 4-1-2　高压警示标识

2. 高压警示颜色

由于高压导线可能有几米长，因此在一处或两处通过警示牌标记意义不大。售后服务人员可能会忽视这些标牌。因此，用橙色警示色标记出所有高压导线，高压导线的某些插头及高压安全插头也采用橙色设计，如图 4-1-3 所示。

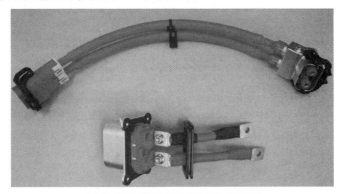

图 4-1-3　高压橙色导线及插接器

三、新能源汽车高压部件的位置

1. 高压部件安装位置的特点

高电压车辆的高压部件安装位置具有以下特点：

（1）高压部件主要集中在整体式车身的外部　除了少数的混合动力汽车动力电池安装在车辆后部位置外，大多数车辆动力电池、逆变器等都布置在乘客舱外部，而且高压导线也是沿着底盘外布置的。图 4-1-4 所示为北汽新能源纯电动汽车位于底盘的橙色高压导线。

图 4-1-4　北汽新能源纯电动汽车位于底盘的橙色高压导线

（2）高压部件具有明显的橙色标识　高压部件都具有明显的橙色标识，或者部件的醒目位置粘贴有高压标识，如图4-1-5所示。

图4-1-5　北汽新能源纯电动汽车高压电缆采用橙色绝缘层

2. 高压部件的高压位置

如图4-1-6所示，高电压车辆的高压部件主要集中在驱动系统、电源系统、充电系统及空调与加热系统几个位置，如图4-1-6所示。此外，用于连接高压部件之间的导线也属于高压部件。

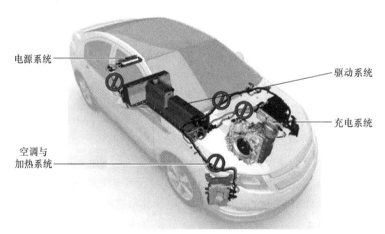

图4-1-6　高压部件在车辆上的位置

新能源汽车驱动系统在驱动车辆时，其主要的高压部件有动力电池、逆变器和电机。

图4-1-7所示为典型混合动力汽车驱动系统高压位置（橙色部件）。图4-1-8所示为典型纯电动汽车驱动系统高压位置。纯电动汽车驱动系统的驱动结构与混合动力汽车类似，有区别的是在逆变器前方增加了一个充电器。

以下介绍主要高压部件的高压位置。

（1）动力电池　如图4-1-9所示，动力电池上所有的部件，这包括维修开关、连接导线均具有高电压。

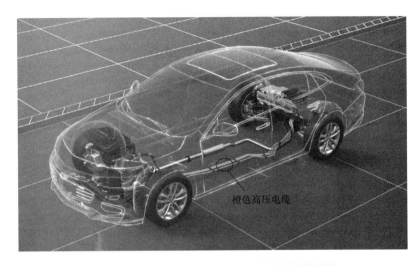

图 4-1-7 典型混合动力汽车驱动系统高压位置

图 4-1-8 典型纯电动汽车驱动系统高压位置

（2）逆变器　在逆变器内部具有的逆变转换包括直流变直流（电压升降）、交流变直流和直流变交流。

1）直流/直流：把动力电池高电压的直流电转换为车辆电气系统所用的直流电，并给车辆 12V 蓄电池充电。

2）交流/直流：把交流电转换成直流电给动力电池充电。

3）直流/交流：把动力电池的直流电转换成三相交流电给电机供电。

图 4-1-10 所示为逆变器高压位置，逆变器通常模块壳体采用金属全封闭设计，主要的高压位置集中在模块电缆的接口上。

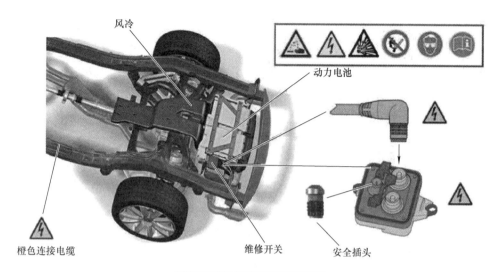

图 4-1-9　动力电池高压位置

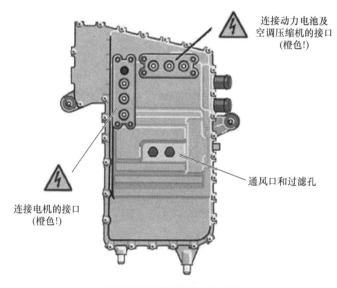

图 4-1-10　逆变器高压位置

（3）电机　图 4-1-11 所示为驱动电机高压位置。当电机运行时，位于电机的高压电缆、插头，以及电机定子绕组上均会存在交流高电压。

（4）充电桩与充电接口　正在充电的新能源汽车，其充电桩和充电接口上具有高压电。需要注意的是，出于对车主的安全考虑，当前的充电桩和充电接口，在车辆未充电时，系统内部都会自动断开电路循环，也就是说未正式充电前，充电桩和充电接口是安全的。图 4-1-12 所示为充电桩与充电接口高压位置。

（5）高压压缩机　空调与加热系统的高压位置包括高压电驱动的压缩机和高压的 PTC 加热器。

对于混合动力汽车来说，空调压缩机可以由电机来驱动。由于空调压缩机消耗大量能

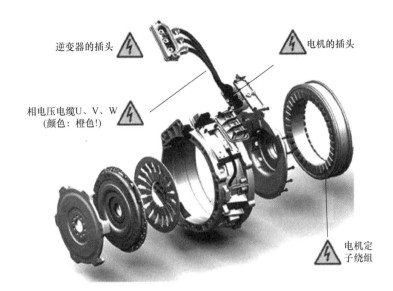

图 4-1-11 驱动电机高压位置

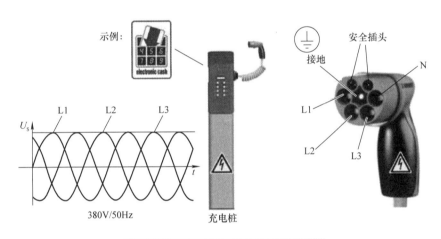

图 4-1-12 充电桩与充电接口高压位置

量,需要对其供电(如可以由动力电池的直流电压供电)。电机可采用三相异步电机,这相当于在空调压缩机中集成了直流/交流逆变器。

图 4-1-13 所示为高压压缩机高压位置。高压压缩机在运行时,位于压缩机上的高压电缆接口、高压连接电缆及压缩机本身均具有高电压。

四、新能源汽车高压安全设计

新能源汽车相比于传统内燃机汽车,由于驱动系统存在高电压,其安全系统设计更为复杂。如果车辆在充电及行驶过程中发生碰撞、翻车等事故,可能造成电力驱动系统的短路、漏电、燃烧、爆炸等,由此可能对乘员造成电伤害、化学伤害、燃烧伤害等。

1. 新能源汽车高压存在时间

新能源汽车的高压系统集中在车辆的驱动系统、空调与暖风系统、12V电源系统及带有

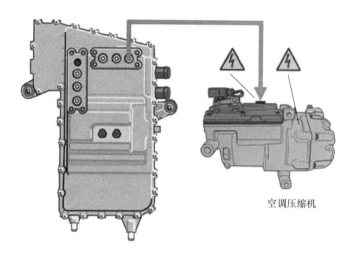

图 4-1-13　高压压缩机高压位置

插电功能的充电系统。根据高压存在的时间进行分类，新能源汽车高压系统的高压主要有以下三种存在形式（图 4-1-14）：持续存在、运行期间存在和充电期间存在。

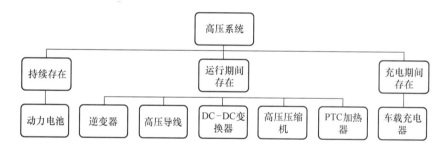

图 4-1-14　高压系统存在形式

（1）持续存在　新能源汽车的动力电池（图 4-1-15）持续存在高电压，即使在车辆停止运行期间，由于动力电池始终存储有电能，因此当满足动力电池的放电条件后，该部件将继续对外放电。

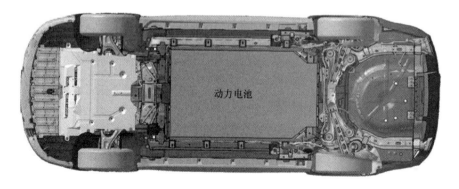

图 4-1-15　纯电动汽车动力电池

（2）运行期间存在　运行期间存在高压的部件，是指当点火开关处于 ON、RUN 或其他运行状态时，部件存在高电压。逆变器、高压压缩机、PTC 加热器及 DC – DC 变换器部件只有在系统运行时，来自动力电池的高电压才会加载到这些部件上。

运行期间存在高电压的系统或部件有以下两种类型：

1）只要点火开关处于 ON 或 RUN 状态下就会存在高电压，这类部件包括逆变器（图 4-1-16）、DC – DC 变换器和连接的高压导线。

2）虽然点火开关处于 ON 位置，但是由于该系统所执行的功能没有被接通，此时相关的部件仍然不会接通有高电压。如图 4-1-17 所示，位于纯电动汽车中的高压压缩机和 PTC 加热器，该压缩机的特点是一半是涡卷压缩机，另一半是三相高压驱动的电机。在驾驶人没有运行车辆的空调或暖风功能时，这些部件上是不会存在高电压的。

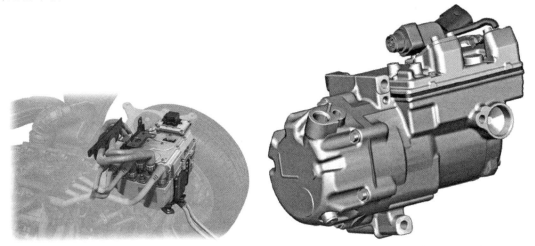

图 4-1-16　奥迪混合动力汽车逆变器　　图 4-1-17　典型的高压涡卷压缩机

（3）充电期间存在　充电系统部件仅在车辆充电期间存在高电压，这包括来自外部电网的 220V 交流高压，以及车载充电器与动力电池之间的直流高压，如图 4-1-18 所示。

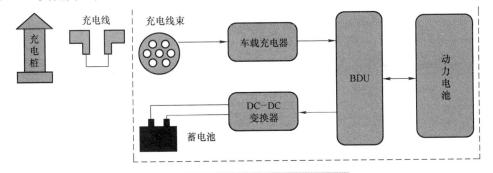

图 4-1-18　充电期间具有高电压的部件

注意：有些车辆的车载充电器和动力电池设计有独立的空调式冷却系统，在车辆充电期间，由于动力电池可能产生很高的热量，因此车载空调会运行以降低动力电池的温度，此时车辆的高压压缩机也会在充电期间运行，也存在有高电压。

2. 高电压的接通与关闭

在新能源汽车中，除动力电池外，其他部件都是由整车控制单元或混合动力控制单元通过接触器控制高电压的接通与关闭的，这种类型与家庭用的设备供电一样（图4-1-19）。动力电池的电能提供形式与家里的外部来自电网的供电一样，无论家里的总闸是否打开与关闭，其总是有电的；而接触器所起的作用就是家里总电源的总闸，不同的是家里的总闸是由人来控制的，新能源汽车的接触器是由车辆控制单元来控制的。

图4-1-19 家用电网供电配电箱与总闸

接触器是一个大功率的继电器，它用于控制高压导线正负极之间的接通与断开。接触器通常被布置在动力电池组总成内部或者是独立在一个BDU（配电箱）中，如图4-1-20所示，在丰田普锐斯动力电池总成端部布置有多个接触器，其内部接触器如果断开，整车仅动力电池上会存在高电压，位于接触器下游的高压系统部件将没有高电压。

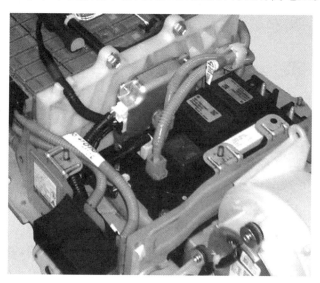

图4-1-20 普锐斯内部接触器

如图 4-1-21 所示，当控制单元通过接触器切断位于动力电池与高压系统用电部件的连接后，整车除动力电池外，其他高压用电设备上就不再有高电压，也是安全的。图 4-1-22 所示为普锐斯内部接触器电路示意图。

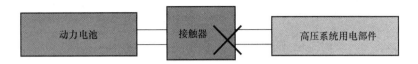

图 4-1-21　接触器连接形式

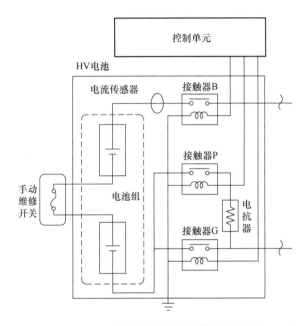

图 4-1-22　普锐斯内部接触器电路示意图

无论是纯电动汽车还是混合动力汽车，控制单元控制接触器的接通与断开的条件与原理是：

（1）接触器接通条件

1）点火开关处于 ON 位置。

2）高压系统自检不存在漏电等故障。

（2）接触器断开条件

1）点火开关处于 OFF 位置。

2）高压系统检测到存在安全事件的发生。

系统自检到存在安全事件，主要是系统根据自身设定的检验程序，在以下情况下，会因异常情况自动切断高压，避免人员触电。

① 高压系统自检到部件的互锁开关断开，如图 4-1-23 所示。

② 高压系统自检到部件或高压电缆存在对车辆绝缘电阻过低。

③ 车辆发生过碰撞，且安全气囊已弹出。

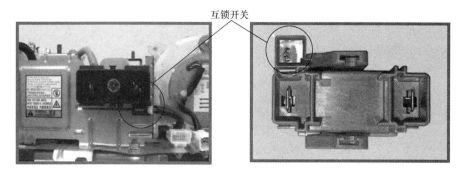

图 4-1-23　高压部件上的互锁开关

五、新能源汽车的安全隐患

新能源汽车安全隐患包括高压触电、动力电池泄漏与燃烧，以及车辆在特殊情况下可能存在的其他风险等。

高压电维修注意事项

1. 高压触电安全

人体能承受的安全电压的高低取决于人体允许通过的电流和人体的电阻。人体电阻主要由体内电阻、体表电阻、体表电容组成。人体电阻随着条件的不同在很大范围内变化，但是一般不低于1kΩ。我国民用电网中的安全电压多采用36V，大体相当于人体允许电流30mA（以人体电阻为1200Ω）的情况，这就要求人体可接触的新能源汽车任意两个带电部位的电压要小于36V。

无论是纯电动汽车，还是高电压的混合动力汽车，其电压和电流等级都比较高。动力电池的电压一般为300~600V。正常工作时，电流可达几百安培。这已经远远超过人体能承受的极限。

新能源汽车存在高压电气系统部件如图 4-1-24 所示。

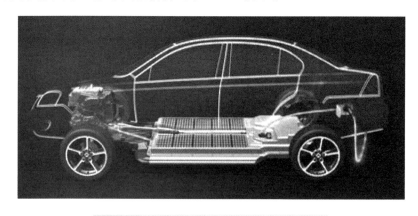

图 4-1-24　新能源汽车存在高压电气系统部件

对于系统中的高压元件，假如由于内部破损或者潮湿，有可能会传递给外壳一个电势。如果形成两个这样外壳具有不同电势的部件，在两个外壳之间会形成具有危险性的电压。此时，如果人体直接触及到这两个部件，会发生触电的危险。

人体没有任何感觉的阈值是 2mA。这就要求如果人或其他物体构成动力电池系统（或"高电压"电路）与地之间的外部电路，最坏的情况下泄漏电流不能超过 2mA，即人直接接触电气系统任一点的时候，流过人体的电流应当小于 2mA 才认为车辆绝缘合格。

2. 动力电池安全

新能源汽车的关键部分是动力电池（图 4-1-25），对于动力电池安全性的研究是分析高压电类型新能源汽车安全性的前提。近年来，锂离子电池在纯电动汽车和混合动力汽车上得到了广泛的应用。所以以锂离子电池为例，来介绍动力电池的安全性。

图 4-1-25　新能源汽车动力电池

锂离子电池在正常使用过程中不会出现安全问题，但电池的滥用会导致电池的热效应加剧，这是锂离子电池出现安全问题的导火索，最终表现为电池的"热失控"，从而引起安全事故。导致热失控有以下几种情况。

（1）过充电与过放电　在给车辆进行充电时，特别是在电池充电末期，电池内部离子的浓度增加，扩散性能下降，浓差极化增加，电池接受能力下降，电池再充电就会出现过充电。过充电时，如果电池的散热较好，或者过充电流很小，此时电池的温度较低，过充电后只发生电解液的分解，电池仍然安全；如果电池的散热较差，或者由于高倍率充电导致电池温度很高而引发化学反应，往往导致安全隐患，如图 4-1-26 所示为一辆电动客车电池在过充电时导致着火事故的发生。

图 4-1-26　过充电导致的温度过高着火

同样，在电池放电末期提供大电流的能力下降，当电池剩余电量不足而又需要大电流放电时，就会使电池过放电。过放电过程如下：当电池负极的锂离子完全脱出以后，为了维持电流，电池负极表面电极电位低的物质继续被氧化，同时正极材料中的锂离子有可能发生还原反应。在发生过放电时，由于电池负极的锂离子减少，脱出能力下降，极化电压增加，此时很容易导致电池负极的活性物质脱落，容易造成电池内部短路。电池内部短路的直接表现就是迅速产生热量引发着火隐患。

（2）过电流　锂离子电池过电流主要有以下几种情况：

1) 低温环境下充放电。在低温环境下，由于电池的导电性和扩散性下降，特别是电池负极的锂离子活动能力下降，电池可接受电流的能力下降，容易导致电池出现过电流。

2) 电池老化、电池的性能下降（包括容量降低、内阻增加、倍率特性下降等）后，仍按照原来电流充电容易导致产生的相对电流过大。

3) 电池并联成组。在充电过程中，由于电池一致性的差异，单体电池的内阻各不相同，分配到各单体电池的充电电流不同，可能会导致分配到某些单体电池的电流远大于充电电流，如图 4-1-27 所示。

图 4-1-27　多个电池并联充电电流不一致导致的过热损坏

4）电池的内外部短路。电池短路会在瞬间产生很大电流，电池内部温度急剧升高，而使电池发生泄漏、起火等安全事故。

（3）电池过温　上述提到的过充电、过放电、过电流会导致电池过温，以下几种情况也会引起电池过温。

1）电池的热管理系统失效。表现为动力电池组总成内电池温度传感器损坏，或者是检测控制电路失效或散热风扇损坏。

图 4-1-28 所示为典型动力电池内电池温度检测系统。

2）电池温度采样点有限。车辆上电池数量众多，很难对每个单体电池都实现温度检测。

3）温度采样点受限制。由于电池本身结构的原因，新能源汽车的电池管理模块对电池的温度采样点一般都在电池正负

图 4-1-28　典型动力电池内电池温度检测系统

极接线柱上，或者通过贴片采集电池外壳的温度，不能反映实际的电池内部温度。

4）工作环境温度高。如果电池靠近驱动电机等发热部件，会导致电池过温。

电池温度升高会引发的隐患包括电池本身性能的逐步下降，进一步加剧了电池内部的短路。此外由于电池本身温度过高，会导致电池产生热温度变形，从而产生泄漏等事故的发生。

3. 危险运行工况下的安全

新能源汽车由于存在高电压，因此在行驶中发生事故时，如果没有很好的安全设计，很容易发生安全隐患。这些安全隐患包括有：

（1）高压系统短路　当动力系统的高压线短路时，将会导致动力电池瞬间大电流放电，此时动力电池和高压线束的温度迅速升高，导致动力电池和高压线束的燃烧，严重时还可能会引起电池爆炸。

若动力电池的高压母线与车身短路，乘员可能会触碰到动力电池的高压电，从而产生触电伤害。

（2）发生碰撞或翻车　当电动汽车发生碰撞或翻车时，可能导致动力系统高压短

路，此时动力系统瞬间产生大量热量，存在发生燃烧甚至爆炸的风险；此外还可能造成高压零部件脱落，对乘员造成触电伤害。如果动力电池受到碰撞或因为燃烧导致温度过高，有可能造成电池电解液的泄漏，对乘员造成伤害；发生碰撞或翻车还会对乘员造成机械伤害。

（3）涉水或遭遇暴雨　　当电动汽车遇到涉水、暴雨等状况时，由于水汽侵蚀，高压的正极与负极之间可能出现绝缘电阻变小甚至短路的情况，可能引起电池的燃烧、漏液甚至爆炸，若电流流经车身，可能使乘员遭受触电风险。

（4）充电时车辆的意外移动　　当车辆在充电时，如果车辆发生移动，可能会造成充电电缆断裂，使乘员及车辆周围人员遭受触电风险；若充电电缆断裂前正在进行大电流充电，还可能造成电池的高压接触器粘连，从而进一步增加人员的触电风险。

4. 新能源汽车高压设计要求

在新能源汽车中，低压通常指的就是 12V 电源系统的电气线路，而高压主要指的是动力电池及相关线路的电压。新能源汽车的高压具有以下特点：

1）高压的电压一般设计都在 200V 以上。例如，大多数的电动汽车或混合动力汽车的动力电池电压都在 280V 左右。特斯拉 Model S 动力电池的总电压为 400V，如图 4-1-29 所示。

图 4-1-29　特斯拉 Model S 动力电池（总电压 400V）

2）高压存在的形式既有直流，也有交流。这包括动力电池的直流，也有充电时的 220V 电网交流电，以及电机工作时的三相交流电。

3）高压对绝缘的要求更高。大多数传统汽车上设计的绝缘材料，当电压超过 200V 时可能就变成了导体，因此在新能源汽车上的绝缘材料需要具有更高的绝缘性能。

4）高压对正负极距离的要求。12V 电压情况下，对正负极之间的距离需要很近时才会有击穿空气的可能，但是当电压高到 200V 以上时，正负极之间距离很大时也可能会发生击穿空气而导电，也就是我们常说的电弧。如图 4-1-30 所示，在 300V 电压下，两根导线距离 10cm 时就会发生击穿导电。

5. 新能源汽车的安全设计内容

从以上的叙述可以看出，新能源汽车存在的安全隐患包括高压系统短路、高压系统绝缘故障、高压系统脱落、高压充电风险等。根据这些安全隐患以及实际的工作状况，对新能源汽车主要从以下几个方面进行设计，如图 4-1-31 所示。

图 4-1-30 高压下产生的电弧

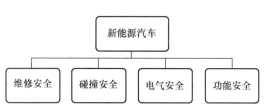

图 4-1-31 新能源汽车安全设计

（1）维修安全 维修安全主要包含两方面：传统内燃机汽车的维修安全和针对新能源汽车的特殊维修安全。新能源汽车的维修安全主要是防止高压触电。因此，维修人员在对高电压类型汽车进行操作之前应当保证不会有触电风险，为此大多数汽车在系统上设计有维修开关（图4-1-32），当断开维修开关时，动力电池的动力输出立即中断。在操作上应当遵从以下流程：在断开电池的动力输出后，需等待5min才能接触高压部件。

图 4-1-32 新能源汽车上的维修开关

（2）碰撞安全 当车辆发生碰撞时，车辆的安全系统应当满足以下要求：碰撞过程中以及碰撞后都要保证相关人员的人身安全。对于新能源汽车来说，除了传统汽车的相关保护要求之外，还应当满足以下要求：

1）碰撞过程中避免乘员和行人遭受触电风险，在保证人员安全的情况下尽量保护关键零部件不受损害。

2）碰撞后保证维护和救援人员没有触电风险。为此，有些车辆设计有如图4-1-33所示的电路，将惯性开关串联到高压接触器的供电回路中，当发生碰撞时惯性开关断开，从而切断高压接触器的供电电源，此时动力电池的高压输出便会被断开，保证了乘员、行人、维护和救援人员的高压安全。

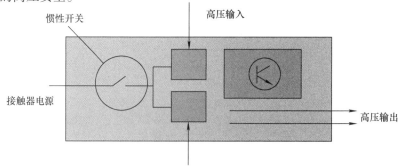

图 4-1-33 惯性开关在电路图中的位置

（3）电气安全　新能源汽车的电气安全主要包括以下几个方面：
1) 防止人员接触到高压电。
2) 电池能量的合理分配。
3) 充电时的高压安全。
4) 行驶过程中的高压安全。
5) 碰撞时的电气安全。
6) 维修时的电气安全。

为保证新能源汽车的电气安全，有些车辆会设计有以下安全装置：

1) 高压零部件的接插件既可防止人员直接接触到高压，还可防水、防尘，减小高压系统绝缘出现问题的风险。高压插头的安全设计方式如图4-1-34所示。

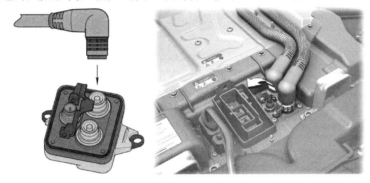

图4-1-34　高压插头的安全设计方式

2) 动力电池与外部高压回路之间设计有高压接触器（图4-1-35），以保证在驾驶人无行驶意图或充电意图时，车辆除电池内部之外的高压系统是不带高压电的。只有当驾驶人将车辆钥匙打到"Start"档或对动力电池进行充电时，接触器才可能会闭合。

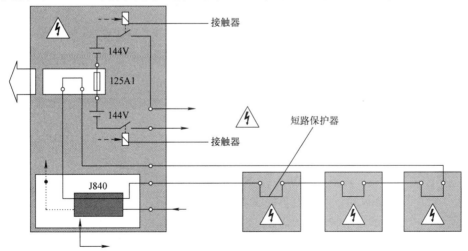

图4-1-35　高压接触器设计方式

3) 高压系统中应当设计预充电回路（图4-1-36）。在动力电池输出高压电之前，先通过预充电回路对电池外部的高压系统进行预充电。预充电回路主要由预充电阻构成。由于高压零部件的高压正、负极之间设计有补偿电容，如果没有预充电电阻，那么在高压回路导通瞬间，补偿电容将会由于瞬间电流过大而烧毁。

4）绝缘电阻检测系统。为保证人员免遭触电风险，高压系统应当进行绝缘电阻检测电路的设计。若绝缘电阻值过小，整车控制器应当发送接触器断开指令。

5）短路保护器。当高压系统出现短路等危险情况时，为保护乘员和关键零部件，需设计短路保护器。如果流过短路保护器的电流大于某个值，则该保护器便会被熔断。

6）高压互锁回路设计。当高压互锁回路断开时（表示某一高压部件的低压或高压连接断开），此时乘员或维修人员有可能会接触到高压电从而造成触电伤害，因此电池管理单元在检测到断开信号之后应当立即断开相应的高压接触器以切断高压输出。如图 4-1-37 所示，在橙色高压插接器上方设计的低压互锁开关，当该低压互锁开关断开时，系统将切断高电压。

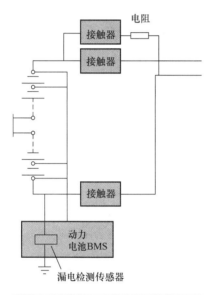

图 4-1-36　高压预充电回路设计方式

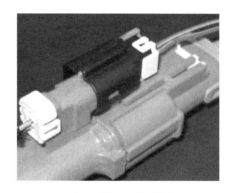

图 4-1-37　高压互锁

（4）功能安全　电动类型的新能源汽车，需要从以下两个功能方面采取安全设计，避免安全隐患的发生。

1）转矩安全管理。为防止车辆出现不期望的运动，需要在整车控制器中加入转矩安全控制策略。具体转矩安全策略如下：

① 整车控制器负责计算整车的转矩需求，计算的转矩需求的差值大于某个标定值，则认为转矩输出存在安全风险，此时整车控制器会将车速限制在安全范围内。

② 若整车控制器的需求转矩与电机的实际转矩的差值大于某个标定值，则认为电机的转矩控制存在风险，此时整车控制器将会限制电机的转矩输出。若两者差值一直过大，则切断动力电池的动力输出。

2）充电安全。在充电时需要防止车辆移动，以及避免快充、慢充、行驶模式之间的冲突，为此进行以下设计：

① 只有档位放在 P 位时才允许充电。

② 在充电过程中，转矩需求及实际转矩输出都应当为 0。

③ 当充电枪插上时，不允许闭合控制高压电输出的接触器。

④ 当充电回路绝缘电阻小于标准要求的阻值时，应当停止充电并断开高压接触器。

六、新能源汽车高压警示标识和高压部件位置的识别

以下介绍新能源汽车上的高压警示标识和高压部件位置的识别。

实施任务前准备：

1）在高电压车辆周围布置好明显的警示标识。

2）检查车辆，确保车辆无故障，主要是高压漏电类故障。

3）制作以下标识（图 4-1-38），用于在实训过程中标识高压部件。

1. 新能源汽车高压警示标识的识别

1）使用万用表测量电动汽车充电桩输出电压，并记录下电压值。

注意：测量充电桩电源输入端电压，充电桩输出端电压只有在充电桩内部接触器闭合的情况下才有电压输出。

图 4-1-38　高压警示标识

警示！测量的操作仅实训教师执行，防止学生触电！

警示！未经教师允许，不得随意触动车辆！

警示！举升车辆期间，禁止车辆周围站立人员！

2）打开实训中心新能源汽车前机舱盖，识别以下高压标识（图 4-1-39）的位置并说明其含义。

图 4-1-39　高压标识

3）识别以下橙色导线（图 4-1-40）的位置，并说明其含义。

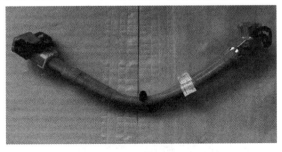

图 4-1-40　橙色导线

2. 新能源汽车高压部件位置的识别

（1）北汽 EV200 高压部件识别

1）车辆型号及充电接口位置。

车辆型号（图 4-1-41）：

图 4-1-41　车辆型号

充电接口位置（图 4-1-42）：

图 4-1-42　充电接口位置

2）打开前机舱盖，可以找到以下高压部件的位置（图 4-1-43）：

① PDU（高压动力分配单元）、DC－DC 变换器、车载充电器。

② 电机控制器。

③ 高压电缆接口。

图 4-1-43　前机舱部件

3）举升车辆，拆下前部、底板护板，可以找到以下高压部件的位置（图 4-1-44）：

① 三相电机。

② 动力电池。

③ 高压电缆。

4）降下车辆，在车内可以找到电池维修开关位置，如图 4-1-45 所示。

（2）比亚迪秦混合动力汽车高压部件识别

图 4-1-44 底盘部件

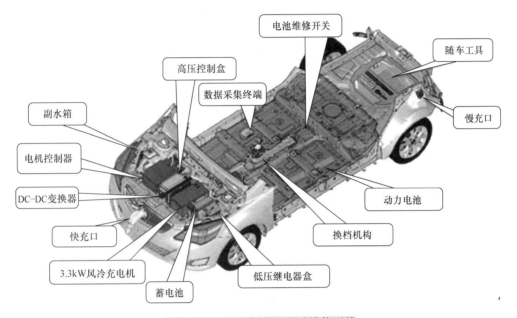

图 4-1-45 车内部件和电池维修开关

1) 车辆型号及充电接口位置。
车辆型号（图 4-1-46）：
充电接口位置（图 4-1-47）：

图 4-1-46 车辆型号　　　　图 4-1-47 充电接口位置

2) 打开行李箱，拆卸车辆内饰，可以找到以下高压部件的位置（图 4-1-48）：
① 动力电池。

② 动力分配单元，即 BDU。

③ 车载充电器。

3）打开前机舱盖，从机舱盖内可以找到以下高压部件的位置（图 4-1-49）：

① 电机控制器。

② DC – DC 变换器。

4）在车内行李箱位置可以找到手动维修开关位置，如图 4-1-50 所示。

(3) 荣威 e50 主要高压部件识别

1）驱动电机总成（图 4-1-51）。荣威 e50 的驱动电机为三相交流电机，接受 PEB（Power Elect Body）的控制，是整个车辆的动力源。

图 4-1-48 行李箱内部件

图 4-1-49 机舱内部件

图 4-1-50 手动维修开关位置

图 4-1-51 驱动电机总成

2）电力电子箱（图 4-1-52 和图 4-1-53）。电力电子箱是控制驱动电机的电器组件，在高速 CAN 上与整车控制器（VCU）、仪表、车身等控制器通信。其接收 VCU 的转矩命令以控制驱动电机，且电力电子箱控制器带有自诊断功能，以确保系统安全运行。

3）高压配电单元（图 4-1-54）。高压配电单元位于前机舱中，固定在 PEB 和 PDU 托盘上。其主要作用为，将高压动力电池组的高压电分配给各高压用电器；同时，可以对电动空调压缩机和加热器高压回路起过流保护作用。

4）动力电池。动力电池为整车提供动力能源，它包含五个模块，其中三个 27 串 3 并的大模块，两个 6 串 3 并的小模块。动力电池组如图 4-1-55 所示。

图 4-1-52　电力电子箱

图 4-1-53　电力电子箱内部

图 4-1-54　高压配电单元

图 4-1-55 动力电池组

知识拓展

1. 高电压与安全

在电动汽车中，高压电气系统的工作电压为数百伏，较高的工作电压对电源系统与车辆底盘之间的绝缘性能提出了更高要求。

高压电缆线绝缘介质老化或受潮湿环境影响等因素都会导致绝缘性能下降，电池组自身产生的漏液、受潮等，均会导致绝缘程度下降。电源正负极引线或电池通过受潮绝缘层和底盘构成漏电回路，使底盘电位上升，不仅将影响低压电气和车辆控制器的正常工作，还会危及乘客的人身安全。当高压电路和底盘发生多点绝缘性能严重下降时，还会导致漏电回路的热积累效应，可能造成车辆的电气火灾。因此，高压电气系统相对车辆底盘的电气绝缘性能的实时检测是电动汽车电气安全技术的核心内容，对乘客安全、电气设备正常工作和车辆的安全运行具有重要意义。

高压电的位置如图 4-1-56 所示。

图 4-1-56 高压电的位置

对于电动汽车的高压电系统和自动断路器的工作状态及功能的监测，需要检测的参数可以分成以下几类：

(1) 高压电气参数　高压系统电压、电流，高压总线剩余电量。
(2) 高压电路参数　动力电池绝缘电阻、高压总线等效电容。
(3) 非电测量参数　环境温度、湿度。
(4) 数字测量参数　主要是开关量的输入和输出。

根据电动汽车和人体安全标准，在最大交流工作电压小于660V、最大直流工作电压小于1000V以及整车质量小于3500kg的条件下，电动汽车的高压安全要求如下：

1）人体的安全电压低于60V，触电电流和持续时间乘积的最大值小于30mA·s。
2）绝缘电阻除以电池的额定电压至少应该大于100Ω/V，最好是能确保大于500Ω/V。
3）对于各类电池，充电电压不能超过上限电压，一般最高不超过额定电压的30%。
4）对于高于60V的高压系统的上电过程至少需要100ms，在上电过程中应该采用预充电过程来避免高压冲击。
5）在任何情况下，继电器断开时间应该小于20ms，当高压系统断开1s后，汽车的任何导电的部分和可接触的部分对地电压峰值应当小于42.4V（交流）/60V（直流）。

2. 新能源汽车安全设计的特点

新能源汽车安全设计特点有：

(1) 动力电池安全设计策略　以下北汽新能源汽车为例，介绍动力电池相关的安全设计策略。

1）电池可用容量修正策略。电池管理系统根据单体电池在环境温度下的放电容量，以及慢充过程中因为电芯一致性变差导致电池系统充电并未真正充满等因素，确定电池可用容量上报给整车控制器，整车控制器根据该值计算续驶里程。

2）SOC估算及修正策略。根据车载充电模式和行车模式下单体电池最高电压进行SOC修正。

3）放电过程电流控制策略。行车放电过程中，放电电流不能超过电池管理系统给整车控制器上报的最大允许放电电流值。放电过程电流控制策略是电池管理系统根据动力电池当前的SOC及最高温度实时调整"最大允许放电电流"数值。

4）能量回馈过程控制策略。电池管理系统通过上报"最大允许充电电流"给整车控制器，表明动力电池当前状态可以接受最大回馈电流的能力。

5）车载充电电流控制策略。车载充电时，电池管理系统根据当前最小温度请求允许最大充电电流。

当单体电池最高电压充电到3.6V时，电池管理系统请求充电电流降到5A。当单体电池最高电压达到3.7V时，停止充电，并把SOC修正为100%。

6）地面充电控制策略。快充时，动力电池系统与地面充电桩之间的交互信息及工作流程严格按照GB/T 27930—2015《电动汽车非车载传导式充电机与电池管理系统之间的通信协议》执行。受限于动力电池的充电能力，为了更好地实现快充功能，在快充过程中设计有加热功能。

① 快充电结束条件为单体电池最高电压 $V_{max} \geq 3.7V$。
② 快充过程中不进行SOC修正。
③ 当电池最小温度 $T_{min} < 0℃$ 时，闭合加热继电器，开启加热功能。

7）保温过程控制策略。车载充电完成之后，根据电池的温度判断是否需要保温，如果需要保温，则进入保温过程。

① 进入保温条件：电池温度 $T_{max} < 25℃$ 且 $T_{min} < 10℃$。

② 在保温过程中，如果 $T_{min} < 5℃$，BMS 向车载充电器请求加热需求电压360V，加热需求电流5A，并闭合加热继电器。

③ 在保温过程中，当 $T_{min} \geq 8℃$ 时，断开加热继电器，停止加热。

④ 保温时间：6h。如果进入保温过程达到6h，则停止保温，退出保温过程。

8）动力电池故障处理策略。动力电池系统在行车模式、车载充电模式、地面充电模式下诊断、上报和处理的故障，以及处理措施和恢复条件。

（2）车辆安全设计（图4-1-57） 新能源汽车（电动汽车）主要从以下几个方面进行安全设计：

1）碰撞保护。通过网络监测，当车辆安全气囊引爆后，系统将自动切断正常高电压。

2）高压互锁。通过在高压插接器上设计监测低压开关，当开关被断开时先断开高电压，防止触电。

3）电源极性反接保护。意外接错电源正负极，系统将自动切断高电压。

4）开盖检测。在高压电池与部件的盖子上设立低压开关，当低压开关打开（盖子被打开）时，系统切断高电压。

5）主动泄放与被动泄放。通过主动与被动监测是否存在对车身短路，自动快速地将电池组电能泄放掉，避免电池发热燃烧。

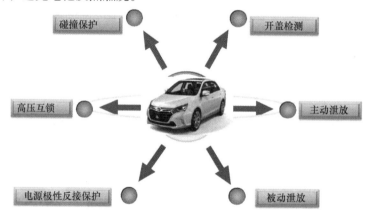

图4-1-57 车辆安全设计

此外，电动汽车高压系统的每一个高压回路均有熔断器作为过流保护。动力电池总成内部增加了一定数量的保险盒接触器进行保护，动力电池的每根采样线也有单独的熔断器保护。即使发生碰撞短路，也可保证动力电池等高压器件及线束不会短路损坏或起火。动力电池内部的接触器与熔断器如图4-1-58所示。

（3）高压维修安全设计 电动汽车对维修人员有特殊的安全操作要求，这包括四个方面，如图4-1-59所示。

此外，系统设计的维修开关（Service Switch）如图4-1-60所示，其主要作用是当车辆在以下情况时直接断开高压回路，从而保证维修人员的安全。例如：

1）检修所有高压模块产品。

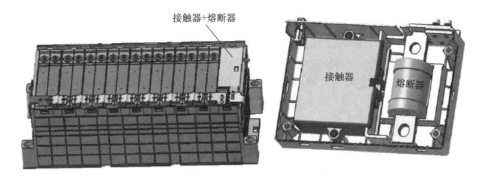

图 4-1-58 动力电池内部的接触器与熔断器

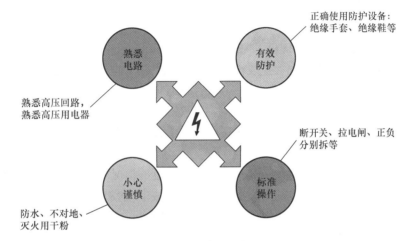

图 4-1-59 维修的高压系统安全须知

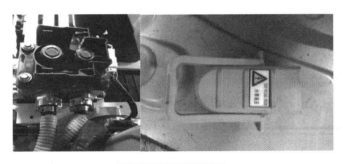

图 4-1-60 维修开关

2）检修所有动力电池包四周的零部件。

3）检修其他以需要拆卸或移动高压产品为前提的零部件。

3. 新能源汽车安全要求的国家标准

混合动力汽车或电动汽车应满足汽车相关国家标准的安全要求，下面为国家标准 GB/T 18384—2015 针对电动汽车安全要求的主要内容，具体内容可直接参考该国家标准信息。

（1）动力电池安全要求

1）动力电池的绝缘电阻、爬电距离的要求应符合 GB/T 18384.1—2015 的要求。

2）应保证车辆的任何地方不得有安装在车辆上的动力电池产生的危险气体聚集。

3)动力电池舱应尽可能与乘客舱隔开。动力电池舱应确保均匀散热和通风,使车辆运行过程中或过程后,动力电池处于安全允许的温度范围内,动力电池排出的有害气体能安全地逸到大气中,不允许排到乘客舱。

4)在发生意外事故或其他故障条件下,动力电池可能会释放出较多的有害物质,此时应使其危险降到最低限度,尤其要注意乘客舱。

5)动力电池和动力电路系统应通过断路器和熔断器进行保护。该装置应能在车辆制造厂规定的过电流、与动力电池连接的电路出现短路的情况下,自动断开与动力电池的连接电路。该装置的响应时间应由车辆制造厂根据动力电池参数、动力电池和电路发生过流或短路的防护方式来确定。

6)动力电池类型应清晰可见地注明动力电池的化学类型以便识别。

(2)触电防护安全要求

1)防止与动力电路系统中带电部件直接接触。

2)车辆不得含有暴露的导线、接线端、连接单元。动力电路系统的带电部件,应通过绝缘或使用盖、防护栏、金属网板等来防止直接接触。这些防护装置应牢固可靠,并耐机械冲击。在不使用工具或无意识的情况下,它们不能被打开、分离或移开。

3)在乘客舱及行李箱中,带电部件在任何情况下都应由至少能提供 IPXXD 防护等级的壳体来防护。

4)发动机舱中的带电部件应设计为只有在有意接近的情况下,才有可能接触到。

5)打开机盖后,与系统连接的部件应具有 IPXXB 防护等级。

6)车辆其他地方的带电部件,应提供 IPXXB 防护等级。

7)车辆标志、动力电池规定的、容易接触的带电部件的防护罩等应清楚地标注规定的标志,标志应清晰牢固。

8)高电压配线线皮应统一由橙色和/或橙色套管构成。

9)防止与动力电路系统中外露可导电部件的间接接触。

10)所有电气的设计、安装应避免相互摩擦,防止绝缘失效。

11)应通过绝缘的方法来防止间接接触,并且使车载的外露可导电部件连接在一起,达到电位均衡。

(3)绝缘电阻要求 混合动力电动汽车的高电压电路系统和电平台应绝缘,绝缘电阻值的要求应符合 GB/T 18384.3—2015 中 6.7 的规定。

(4)电位均衡要求 电位均衡应符合 GB/T 18384.3—2015 中 6.9 的规定。

(5)动力电路系统和燃料供给系统要求 燃油系统的安装位置及管路应避开温度较高的热源以及动力电路系统等可能产生电弧的地方,尤其不能在一个密闭的空间内。

动力电路系统和燃油供给系统的安装位置及线路、管路走向应保证两个系统具有安全距离或保证有效隔离。

车辆在各种使用条件下,供油管路与其接头不允许有泄漏。一旦发生燃油泄漏时,设计上应保证绝不允许流到动力电池和高电压电路系统。

对于使用汽/柴油之外燃料的车辆,燃料供给系统须满足其相应燃料车辆标准的安全要求。

(6)车辆碰撞的特殊要求 按照国家强制性标准的规定进行相关的碰撞试验,混合动力电动汽车应满足以下要求：

1）如果车载储能装置安装在乘客舱的外部，进行碰撞试验中和试验后，动力电池包及其部件（动力电池、蓄电池模块、电解液）不得穿入乘客舱内。

2）如果车载储能装置安装在乘客舱内，车载储能装置的任何移动应确保乘客的安全。

3）进行碰撞试验中和试验后均不能有电解液进入乘客舱。

4）进行碰撞试验中和试验后，储能装置不能出现爆炸、着火。

（7）第三方保护要求　进行碰撞试验时，动力电池包及其部件（动力电池、蓄电池模块、电解液）或超级电容器等储能装置不能由于碰撞而从车上甩出。

进行碰撞试验时，应防止造成动力电路的短路。

碰撞试验结束后，按照 GB/T 18384.3—2015 中 6.7 的要求（不需进行准备阶段）进行绝缘电阻的测量，并满足绝缘电阻的要求。

翻车时车载储能装置应满足车辆碰撞的特殊要求，同时混合动力电动客车的储能装置应满足 GB/T 17578—2013 的要求。

（8）防水要求　应通过一个绝缘电阻监控系统提供防水监控，或通过遮蔽电压设备（非高电压部件本标准不做要求）防止其暴露在水中或依靠其他方式。如果车辆安装了绝缘电阻监控系统，应符合 GB/T 18384.3—2015 中 8.3.1 的要求。如果车辆未安装绝缘电阻监控系统，应按照 GB/T 18384.3—2015 中 8.2 的试验规程进行试验，试验中和试验后车辆不会损坏，不会丧失行驶能力，并满足 GB/T 18384.3—2015 中 6.7 的要求。

（9）功能安全要求

1）起动程序。应通过一个钥匙开关起动车辆。

对于需要外接充电的车辆，当车辆与外部电路（如电网、外部充电器）连接时，不能通过其自身的驱动系统使车辆移动。防止车辆在钥匙开启状态和换档器在"行驶"和"倒退"位置时开动车辆。而且，应提供必要的互锁装置：

① 除非换档器位置选择在"停车"或"空档"，在任何其他位置时，控制器都不能向车辆传输移动的最初动力。

② 起动钥匙只有"点火开关"在"关"的状态且换档器在"停车"的状态时才能够拔掉。

2）行驶和停车。车辆应通过一个明显的信号装置提示驾驶人车辆可以起步行驶，这可参照 GB/T 4094.2—2005 中规定的"运行准备就绪"信号装置。

当车辆处于停车，发动机不工作时，如果车辆仍处于"可行驶"状态，或只通过一个操作动作就可使车辆处于"可行驶"状态时，则应通过一个信号（声学或光学信号）明显地提醒驾驶人。"可行驶"状态：在这种状态，当踩下加速踏板时，车辆可能行驶。

如果车辆装有在紧急情况时（如某部件过热）可限制操作的装置，则应通过一个明显的信号通知车辆使用者。

当车辆在停车状态以及钥匙开关在"关"位置时，车辆不得自动起动发动机给动力电池充电。

3）手动开关。应配备一个手动开关来断开车载动力电源（如动力电池）。当车辆因维修保养或故障，不能确保高压系统绝缘时，该开关能够切断高压动力电路系统。

4）电气连接件。任何不期望的断开都不应导致车辆产生危险。当电流过大时，应使用一个电路保护器、切断装置或熔断器断开动力电路。

复 习 题

1. 判断题

（1）依据国家标准，安全的电压等级是 B 级。（　　）

（2）纯电动汽车和混合动力汽车的高压系统均同时具有直流高压和交流高压。（　　）

（3）高压警示标识采用黄色底色或红色底色，图形上布置有高压触电国标。（　　）

（4）为了表示警告，高压导线的某些插头及高压安全插头采用红色设计。（　　）

（5）动力电池上所有的部件，包括维修开关、连接导线均具有高电压。（　　）

（6）正在充电的新能源汽车，其充电桩和充电接口上具有高电压。（　　）

（7）空调与加热系统的高压位置只有高压电驱动的压缩机。（　　）

（8）高压压缩机也会在充电期间运行，也可能存在高电压。（　　）

（9）人体能承受的安全电压取决于人体允许通过的电流和人体的电阻。（　　）

2. 单项选择题

（1）安全的电压等级 A 级，标准数据是在直流中小于或等于（　　）。

A. 30V　　　　　　B. 40V　　　　　　C. 50V　　　　　　D. 60V

（2）为了安全，大多数车辆动力电池、逆变器等都布置在（　　）。

A. 原发动机舱位置　B. 驾驶室　　　　C. 乘客舱外部　　　D. 乘客舱内部

（3）在逆变器内部具有的逆变转换包括（　　）。

A. 直流变直流　　　B. 交流变直流　　　C. 直流变交流　　　D. 以上都是

（4）当电机运行时，位于电机的高压电缆、插头，以及电机定子绕组上均会存在（　　）。

A. 直流高电压　　　B. 交流高电压　　　C. 直流低电压　　　D. 交流低电压

（5）根据高压存在的时间进行分类，新能源汽车高压系统的高压主要有以下存在形式（　　）。

A. 持续存在　　　　B. 运行期间存在　　C. 充电期间存在　　D. 以上都是

（6）接触器接通条件是（　　）。

A. 点火开关处于 ON 位置　　　　　　B. 高压系统自检不存在漏电等故障

C. A 和 B 同时　　　　　　　　　　D. A 和 B 任一

（7）锂离子电池导致热失控情况包括（　　）。

A. 过充电与过放电　B. 过电流　　　　　C. 电池过温　　　　D. 以上都是

3. 多项选择题

（1）纯电动汽车中，交流高压主要分布在（　　）。

A. 动力电池　　　　B. 逆变器与驱动电机之间　C. 充电接口与车载充电器之间

D. 电动压缩机　　　E. 控制器接口

（2）高电压车辆的高压部件主要集中的系统是（　　）。

A. 驱动系统　　　　B. 电源系统　　　　C. 充电系统

D. 空调与加热系统　E. 用于连接高压部件之间的导线

（3）纯电动汽车只有运行期间才存在高压的部件有（　　）。

A. 逆变器　　　　B. 高压压缩机　　　　C. PTC 加热器
D. DC – DC 变换器　　E. 动力电池

（4）新能源汽车高电压涉及的安全隐患包括（　　）。

A. 高压系统短路　　B. 发生碰撞或翻车　　C. 涉水或遭遇暴雨
D. 充电时车辆的意外移动　　　　　　　　E. 盗抢车辆

（5）新能源汽车的安全设计内容包括（　　）。

A. 维修安全　　B. 碰撞安全　　C. 电气安全
D. 功能安全　　E. 以上都不正确

单元二　新能源汽车维修车间安全要求

情境导入

你所在的维修站需要组建新能源汽车维修专用的高压车间，你的主管要求你制订高压车间相关的制度和标准，你能完成这个任务吗？

学习目标

1. 能够描述高压车间安全管理制度。
2. 能够描述高压车间场地与设施要求。
3. 能够描述新能源汽车维修人员要求。
4. 能够描述高压维修作业标准。

知识学习

一、高压车间安全管理制度

新能源汽车维修车间有高压电安全风险，必须加强安全管理，杜绝高压安全事故的发生。

新能源汽车（电动汽车和混合动力汽车）专用车间安全管理，除了普通车间的安全要求外，必须注意以下事项：

1. 车辆焊接维修

1）必须切断低压电源和动力电池接插件。
2）操作人员要具备特种作业操作证。
3）清理周围易燃物品，并申请动火证。
4）做好车身的保护，预防飞溅及着火。
5）严格按照焊接工艺进行操作。

2. 灭火器的使用和检查

1）火灾发生将产生不可估量的危害，因此必须预防车辆自燃等火灾的发生，及时处理机舱内的油污、接插件松动或线束老化等隐患。

2）火灾发生后不要惊慌，要及时采取正确的方法来灭火，将火灾消灭在萌芽状态。首先要切断电源，所有人员立即离开车辆并站在远离车辆的上风。

3）经常检查车上的灭火器是否在固定的位置，是否在有效期内。要充分了解灭火器的性质和正确使用方法。在采取救火措施的同时立刻报警（电话：119、110）。

4）常用的车载灭火器是干粉灭火器，以高压为动力，由喷射筒内的干粉进行灭火。灭火时手提干粉灭火器快速奔赴火点，在距离燃烧处1m左右，先将开启把上的保险销拔下，然后将喷嘴部迅速对准火焰的根部扫射灭火。当干粉喷出后，手始终压下压把不能放开，否则会中断喷射。应选择站在上风方向喷射。

5）当电动车发生火灾时，最有效的灭火方式是采用大量的水灭火。因为电动汽车起火多为电路短路起火，这种情况下为了保证人员安全，使用水基灭火器可能快速对短路产生的热量降温，使电能耗尽来有效灭火。

二、高压车间场地与设施要求

工作环境的好坏将直接影响是否发生事故，新能源汽车维修车间对场地与设施的要求比普通汽车维修车间要高。图4-2-1所示为新能源汽车维修车间示意图。

1. 使用面积

高压维修车间的面积根据实际要求确定，并符合国家相关规定。

2. 采光

明亮的车间可以让车辆维护人员能够更加清楚地观察车辆的部件及周围物体，避免因视线不好意外触碰到高压部位而发生事故，同时也有利于其他人员及时观察到可能存在的隐患。

图4-2-1 新能源汽车维修车间示意图

维修车间的采光应按照 GB 50033—2013 的有关规定。采光设计应注意光的方向性，避免对工作产生遮挡和不利的阴影。对于需要识别颜色的场所，应采用不改变自然光光色的采光材料。

3. 照明

当天然光线不足时，应配置人工照明。人工照明光源应选择接近天然光色温的光源。维修车间的照明要求应符合 GB 50034—2013 的有关规定。进行精细操作（如划线、金属精加工、间隙调整等）的工作台、仪器、设备等的工作区域的照度不应低于500lx。照度不足时应增加局部补充照明，补充照明不应产生有害眩光。

4. 干燥

干燥是为了降低维护区域人员的触电风险。因为当湿度增加时，人体和空气的绝缘电阻就会增加，那么在相同的电压下，人体触电的风险也就增加了。因此，高压维修车间必须保持干燥。

5. 通风

通风有利于将在维护车辆期间产生的有害物排出。在发生触电事故的情况下，通风的环境能够更加有利于伤者呼吸到更多的氧气。

通风应符合 GB 50016—2014 和工业企业通风的有关要求。

6. 防火

防火应符合 GB 50016—2014 有关厂房、仓库防火的规定以及 GB 50067—2014 的有关规定。

7. 卫生

卫生应符合 GB/T 12801—2008 的有关要求。

8. 安全标志

安全标志应符合 GB 2894—2008、GB 2893—2008 的有关要求。

此外，对于高电压车辆的维护，很多厂商对维修工位有特别的要求，如图 4-2-2 所示，比亚迪汽车要求维修其新能源汽车必须具有单独的维修工位，该工位的设备采用特殊的颜色与其他工位进行区别。

当工位上有高电压车辆进行维修时，要求在工位周围必须布置明显的警示标识，避免他人未经允许进入高电压工位而发生事故，图 4-2-3 所示为一些企业制订的高压警示标识。

图 4-2-2　比亚迪高电压车辆维修工位

图 4-2-3　高压警示标识

9. 高压安全防护规定

（1）应遵循五条安全规定

1）断开。

2）防止重新接通。

3）确定处于无电压状态。

4）接地和短路。

5）遮盖或阻隔相邻的带电部件。

(2) 应使用个人防护装备

1) 应向维修人员提供合适的个人防护装备，以便在工作场所进行作业。

2) 所提供的个人防护装备必须附有欧共体一致性声明。

(3) 应遵循维修场地的要求　为避免发生危险或造成损坏，车辆的停放位置必须干净、干燥、无油脂，且不会接触到飞溅的火星，要避免与车辆清洁和其他车辆维修工位过近。

10. 高压维修工位布置

高压维修工位的布置应满足以下要求：

1) 专用的维修工位。

2) 清洁、干燥、通风良好。

3) 必须配有安全隔离警示。

4) 必须配有防护用品。

5) 避免无关人员靠近。

三、新能源汽车维修人员要求

在执行车辆维护与维修期间，必须同时有两名持有上岗证的人员，其中一名人员作为工作的监护人，工作职责为监督维修的全过程。当发生触电事故时，监护人应立即采取有效措施执行急救。

在电动汽车维修时必须严格按照流程进行，必须遵循高压安全操作规范和机动车维修操作规范。

1. 新能源汽车维修操作人员

1) 新能源汽车维修操作人员必须持证上岗，具备国家安监局颁发的《特种作业操作证（低压电工证）》，如图 4-2-4 所示。

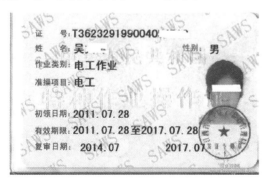

图 4-2-4　特种作业操作证

2) 必须经过培训，并通过考核。

3) 维修高压部件之前必须断开低压蓄电池负极，并进行高压切断。

2. 新能源汽车维修监护人

监护人的安全技术等级应高于操作人员，具有丰富的实际工作经验并熟悉现场及设备情况。其监护内容如下：

1) 进行高压切断时，监护所有工作人员的活动范围，使其与带电设备保持规定的安全距离。

2）带电作业时，监护所有工作人员的活动范围，使其与高压部件保持规定的安全距离。

3）监护所有工作人员的工具使用是否正确，工作位置是否安全，以及操作方法是否正确等。

4）工作中监护人因故离开工作现场时，必须另指派了解有关安全措施的人员接替监护并告知工作人员，使监护工作不致间断。

5）监护人发现工作人员中有不正确的动作或违反规程的做法时，应及时提出纠正，必要时可令其停止工作，并立即向上级报告。

6）所有工作人员（包括工作负责人）不准单独留在维修保养中的新能源汽车专用工位区内，以免发生意外触电或电弧灼伤。

7）监护人应自始至终不间断地进行监护，在执行监护时，不应兼做其他工作。但在动力电池与新能源汽车断开的情况下，监护人可参加班组的工作，如图4-2-5所示。

图4-2-5　维修时必须设专职监护人

四、高压维修作业标准

电动汽车（包括混合动力汽车）涉及高压电，只有在维修过程中保证按照工作流程进行，才能保护我们自身安全和车辆、设备安全。

1. 新能源汽车维修流程

新能源汽车（高电压车辆）维修时必须严格按照流程进行，高电压车辆维修风险分析如图4-2-6所示。

2. 新能源汽车维修规范

维修高电压车辆时，必须遵循高电压安全操作规范和机动车维修操作规范。

在高电压安全操作规范中要求：

1）对于车辆维修过程中的高压配件必须立即标识明显的高压勿动警示，并禁止将带有高压电的部件放置在无人看管的环境下。

2）高电压维修与维护过程中，维护人员禁止带有手表、金属笔等金属物品在身上。

3）严禁非专业人员对高压部件进行移除及安装。

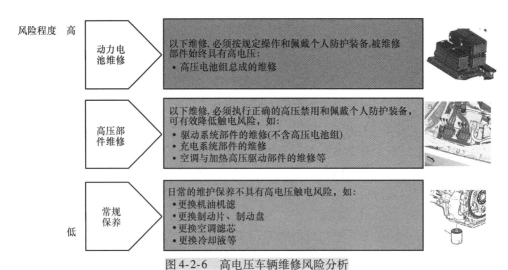

图 4-2-6　高电压车辆维修风险分析

4）未经过高压安全培训的维修人员，不允许对高压部件进行维修等操作。

5）车辆在充电过程中不允许对高压部件进行拆装、维修等工作。

6）维修前必须进行高电压禁用操作。

7）维修完毕后上电前，确认车辆无人操作。

8）更换高压部件后，测量搭铁是否良好。

9）电缆接口必须按照标准力矩拧紧。

10）在执行车辆维护与维修期间，必须同时有两名持有上岗证的人员进行工作，其中一名人员作为工作的监护人，工作职责为监督维修的全过程。当发生触电事故时，监护人应立即采取有效措施执行急救。专业的急救流程如图 4-2-7 所示。

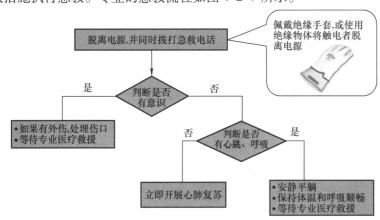

图 4-2-7　专业的急救流程

3. 高压安全操作必备防护措施及工具

高压安全操作必备防护措施及工具见表 4-2-1。

高压防护用品的穿戴

检查高压防护用品

表 4-2-1　高压安全操作必备防护措施及工具

图示	说明
	警示牌 • 在地面或车辆附近明显位置放置
	绝缘手套（绝缘等级为1000V/300A以上） • 拆除及安装高压部件使用
	皮手套 • 拆除及安装高压部件使用（保护绝缘手套）
	绝缘鞋 • 拆除及安装高压部件使用
	防护眼镜 • 拆除及安装高压部件使用
	绝缘帽 • 拆除及安装高压部件使用
	绝缘表 • 测试高压部件绝缘阻值
	绝缘工具 • 拆除及安装高压部件使用

4. 高压禁用操作程序

拆解维修高压系统前，必须首先执行高压禁用流程。

高压禁用操作程序如下：

1）移：移除车辆上所有外部电源，包括12V蓄电池充电器。
2）拔：拔出充电枪（<u>仅针对插电式混合动力汽车或电动汽车</u>）。
3）关：关闭点火开关，把钥匙放到安全区域。
4）断：断开12V蓄电池负极，并远离负极区域。
5）取：取下MSD（手动维修开关），将其放到安全区域。
6）等：等待5min，以保证高压能量全部释放。
7）查：佩戴个人安全防护装备，拆卸高压插接器，开始下一步的电压验证。

5. 电动汽车外出救援注意事项

外出救援抛锚的电动汽车时，应注意以下事项：

1）在车辆能动的情况下，将车移到不影响其他车辆通行的安全地带。

2）在条件许可的情况下，打开危险警告灯（夜间也可以用发光体代替）。

3）立即按照规定的距离正确放置三角警示牌。

4）如果在现场不能维修，请采用硬连接将车辆拖回维修点。

5）如果确定无法移动，请联系救援车辆。

6）等待救援时，所有人员请勿待在车内。

五、新能源汽车维修标准作业程序练习

以下以北汽新能源汽车为例，介绍新能源汽车维修标准作业程序，供参考。

（1）车间作业程序　对于维修车间内的车辆，务必确定：

1）防止车辆前后移动。

2）在车辆前方执行作业前，将钥匙从钥匙开关锁中取出。

3）在前机舱实施作业时，务必要使用翼子板护套。

4）在车底下作业时，必须将蓄电池负极拆开。

5）顶起车辆时，不可顶在动力电池处。

> 危险！
> · 不要在只靠一个千斤顶支撑的车底下工作。举升要求适用于整车，对于一辆拆除了驱动电机或动力电池的汽车，重心将发生变化，使举升情况不稳定，此时要将汽车支撑或固定在举升设备上。

提示：不要把工具、换下来的配件遗留在工作区域或周围，保持工作区域干净、整洁。

注意：在车上实施焊接操作时，必须拆除蓄电池接线，避免造成相关零部件损坏，同时周边要配备适当的灭火设备。

（2）拖拽车辆　提示：

此方法并不建议使用。若必须在拖拽情况下牵引车辆方可使用该方法。为了能够牵引汽车，必须先安装一个牵引环。牵引环属于随车工具。

前牵引环安装步骤如下：

1）撬出牵引环盖罩1，如图4-2-8所示。

注意：小心工作，防止漆面受到损伤。

2）安装牵引环。如图4-2-9所示，沿"箭头"方向旋入牵引环1，并用扳手2拧紧。

3）使用完之后，旋出牵引环1，并将其与随车工具放在一起，装上牵引环盖罩。

提示：

· 只有在上述牵引环上才可以安装牵引绳或牵引杆。

· 牵引绳应当有弹性，以保护两辆汽车。因此，只能使用塑料绳或类似弹性材料做成的绳子。更安全的方法是使用牵引杆。

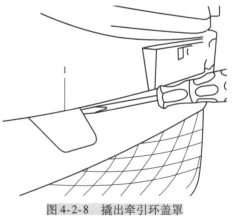

图4-2-8　撬出牵引环盖罩

1—牵引环盖罩

注意：不允许出现过大的拉力和冲击负载。如果在不平坦的路面上进行牵引，总会有紧

固件过载或受损的危险。

"拖拉和牵引"的注意事项：

● 必须遵守关于车辆牵引的法律规定。

● 两名驾驶人都必须熟悉牵引过程的特点，否则不能进行牵引起动或牵引工作。

● 如果使用牵引绳，则牵引车的驾驶人在起动和换档时要特别注意缓慢地操作离合器，被牵引车的驾驶人应注意随时保持牵引绳绷紧。

● 牵引时两辆汽车上的危险警告灯都要打开，请遵守相关法规要求。车钥匙必须置于 ON 档，这样不会锁死转向盘，而且可以打开转向信号灯、喇叭、车窗玻璃刮水器和车窗玻璃清洗装置。

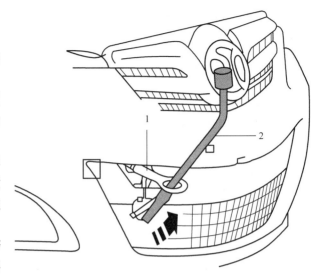

图 4-2-9　安装牵引环
1—牵引环　2—扳手

● 被拖车辆牵引时，档位置于空档，并打开危险警告灯。牵引距离较远时车辆前部必须被抬起。在变速器不能得到润滑的情况下，只能在驱动轮抬升的情况下才能被牵引。

（3）跨接起动

注意：跨接起动的方式并不建议使用，但在某些情况下这是可以将车辆起动的唯一方法，在这种情况下，跨接起动放电后的蓄电池必须立即充电，以避免蓄电池永久性的损坏。

提示：

● 阅读蓄电池系统部分的所有安全注意事项和警告。

● 不要跨接冻结时的蓄电池，否则会造成人身伤害。

● 不要跨接指示窗口为黑色或白色的免维护蓄电池。

● 不要跨接电解液液位低于极板顶部的蓄电池。

● 蓄电池不要靠近明火。

● 请戴上护目镜，摘掉手指或手腕上的金属饰品，以免蓄电池偶然碰火导致人员受伤。

● 使用大功率起动设备时，不要使蓄电池电压高于 16V。

●蓄电池电解液是腐蚀性酸性溶液，不要让电解液接触到眼睛、皮肤或衣服。连接线夹时不要倾斜蓄电池或使线夹彼此接触。如果电解液溅入眼中或皮肤上，要立即用大量的清水进行冲洗。

●蓄电池产生了易燃、易爆的氢气，一定要使火苗或火花远离通气口。

● 不要用输出电压超过 12V 的起动辅助蓄电池或其他起动辅助电源。

● 利用另一辆车起动时，要防止跨接起动车辆的车身相互接触，否则可能会损坏每辆汽车的电气系统。

危险！在将跨接线连接至蓄电池时，切勿使跨接线彼此接触或碰触到车身接地。一个充满电的蓄电池，如果经过跨接线短路，则会以高于1000A的放电率放电，产生电弧并使跨接线与端子的温度快速上升，甚至可能会造成蓄电池爆炸。未遵守这些说明，可能会造成人员伤害。

（4）举升支撑点

1）前部支撑点。如图4-2-10所示，在下边梁标记区域和底板垂直加强件（图中箭头）上安装支撑盘。

注意：底板加强件必须平放在升降台支撑盘的正中。

2）后部支撑点。如图4-2-11所示，在下边梁标记区域和底板垂直加强件（图中箭头）上安装支撑盘。

注意：底板加强件必须平放在升降台支撑盘的正中。

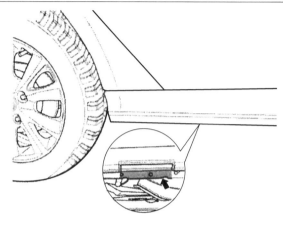

图4-2-10　前部支撑点

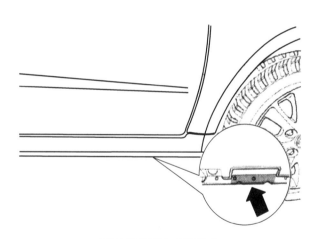

图4-2-11　后部支撑点

复　习　题

1. 判断题

（1）新能源汽车维修车间有高压安全风险，必须加强安全管理，杜绝高压安全事故的发生。（　　）

（2）当湿度增加时，人体和空气的绝缘电阻就会增加，那么在相同的电压下，人体触电的风险也就增加了。因此，新能源汽车高压维修车间必须保持干燥。（　　）

（3）当工位上有高电压车辆进行维修时，要求在工位周围必须布置有明显的警示标识，避免他人未经允许进入高电压工位而发生维修。（　　）

（4）新能源车辆维护与维修期间，必须同时有两名持有上岗证的人员进行工作。
（　　）

（5）高电压车辆维修与维护过程中，维护人员可以带有手表、金属笔等金属物品在身上。
（　　）

2. 单项选择题

（1）电动汽车维修操作人员必须持证上岗，《特种作业操作证（低压电工证）》发证单位是（　　）。

　A. 交警　　　　　　　　　　B. 汽车维修行业管理处
　C. 交通运输管理局　　　　　D. 安监局

（2）新能源汽车维修监护人的安全技术等级应（　　）操作人。

　A. 低于　　　B. 等于　　　C. 高于　　　D. 不需要

（3）以下属于电动汽车外出救援注意事项的是（　　）。

A. 在车辆能动的情况下，将车移到不影响其他车辆通行的安全地带
B. 在条件许可的情况下，打开危险警告灯（夜间也可以用发光体代替）
C. 等待救援时，所有人员请勿待在车内
D. 以上都是

模块五 新能源汽车使用与充电

单元一 新能源汽车的使用

情境导入

你所在4S店的销售顾问请你协助向客户介绍新能源汽车的使用方法及注意事项,你能完成这个任务吗?

学习目标

1. 能够描述纯电动汽车起动与操控注意事项。
2. 能够描述混合动力汽车起动与操控注意事项。

正确起动纯电动汽车

驾驶纯电动汽车

知识学习

一、纯电动汽车起动与操控

纯电动汽车起动采用的有传统钥匙和智能钥匙两种。

如果是智能钥匙,在车内,按下"ENGINE START STOP"开关,即可起动车辆,起动后,"OK"或"READY"灯点亮,如图5-1-1所示。

图5-1-1 比亚迪e6 "ENGINE START STOP" 起动开关与"OK"指示灯

起动电机前,一定要遵循车辆已挂入 P 位、制动踏板被完全踩下的要求。

提示:

在下列情况下,电机将不能起动:按下开关时,如果智能钥匙系统钥匙位置指示灯点亮或者组合仪表信息显示屏显示"未检测到钥匙",并伴随车辆蜂鸣器鸣叫,则表明智能钥匙不在车内。如果智能钥匙的电池电量可能已耗尽,则需要按照用户手册要求,将钥匙放到指定的备用起动位置。

二、混合动力汽车起动与操控

1. 混合动力汽车操作前注意事项

混合动力汽车操作前注意事项如下:

1)检查车辆,若是插电式混合动力汽车,则应确保电量充足。
2)使用车轮止动装置固定车轮,避免意外起动导致事故。
3)进入车辆,点火开关置于 ON 位置,观察车辆仪表显示信息。
4)打开车辆娱乐系统信息中心显示屏,选择与混合动力汽车相关的显示选项,观察显示的信息。
5)观察并使用混合动力汽车其他功能按钮。

2. 第三代普锐斯仪表与混合动力控制按钮

如图 5-1-2 所示,普锐斯的仪表显示界面可以显示车辆状态、运行状况、档位信息及混合动力系统信息。

图 5-1-2 丰田普锐斯仪表与信息系统

(1) READY 指示灯 普锐斯混合动力汽车取消了内燃机转速表,车辆在起动状态下内燃机不一定运转,因此设置单独的 READY 指示灯来提示车辆已经起动的信息。

(2) DISP 显示信息 按下转向盘上的 DISP 按钮(图 5-1-3),可以在显示屏上切换显示以下信息:

1)能源指示器。
2)混合动力系统指示器。
3)油耗、时钟、里程等传统信息。

(3) EV 模式按钮 打开 EV 模式开关(图 5-1-4),模式指示灯将点亮。在 EV 驱动模式下,仅通过由混合动力电池供电的电机来驱动车辆。

EV 驱动模式可以在以下情况被激活:

图 5-1-3 丰田普锐斯转向盘 DISP 按钮

图 5-1-4 EV 模式开关

- 车辆行驶速度达 40km/h。
- 内燃机已经暖机。
- 动力电池正常状态。

3. 比亚迪秦仪表显示信息及指示灯

比亚迪秦仪表有两种显示模式，如图 5-1-5 所示。

a) 比亚迪秦仪表显示模式（高配）

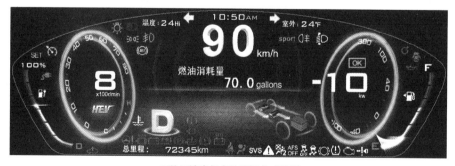

b) 比亚迪秦仪表显示模式（低配）

图 5-1-5 比亚迪秦的仪表（两种显示模式）

比亚迪秦组合仪表的部分指示灯含义见表 5-1-1。

表 5-1-1　比亚迪秦组合仪表的部分指示灯含义

指示灯图案	指示灯名称	说明
OK	READY 指示灯	M2 电机控制器通过 CAN 发送"READY"指示灯点亮信号给组合仪表
EV	纯电动模式指示灯	
HEV	混合动力模式指示灯	
ECO	经济模式指示灯	
SPORT	运动模式指示灯	
 （插头图案）	动力电池充电连接指示灯	工作于所有电源档位：硬线传输，（车端）插上充电枪时，点亮指示灯
 （电池插头图案）	动力电池电量低指示灯	剩余电池容量≤20%，指示灯点亮；剩余电池容量>20%，指示灯熄灭
 （电机过热图案）	电机过热警告灯	
 （冷却液图案）	电机冷却液温度过高警告灯	
 （车辆故障图案）	动力系统故障警告灯	
 （电池图案）	动力电池故障警告灯	
 （电池过热图案）	动力电池过热警告灯	

三、新能源汽车起动与操控程序

以下介绍新能源汽车（纯电动汽车或插电式混合动力汽车）起动与操控。

1. 纯电动汽车起动与操控

（1）纯电动汽车的起动　下面以上汽荣威 e50 为例，介绍纯电动汽车起动与操控步骤，其他车型可参考。

1）起动前的安全检查。注意：纯电动汽车或增程式电动汽车，在车辆充电期间（主要指连接有充电线时），考虑安全因素，车辆是被禁止移出 P 位的，因此起动车辆前需要检查是否连接有充电线，如图 5-1-6 所示。

2）将智能钥匙插入点火端口，点火端口位于转向盘右下方位置，如图 5-1-7 所示。

图 5-1-6　移出充电接口，并关闭充电口盖

图 5-1-7　将智能钥匙插入点火端口，起动车辆

插入钥匙后，按表 5-1-2 操作步骤执行。

表 5-1-2　操作步骤及车辆状态

操作步骤	车辆状态	指示灯
按下点火开关 1 次	进入 ACC 档位	红色
按下点火开关 2 次	进入 ON 档位	绿色
踩下制动踏板，按下点火开关（无论在哪个档位下）	起动车辆	绿色

注意：如图 5-1-8 所示，在 ACC 状态下，车辆显示屏中代表车辆起动成功的"READY"指示灯处于熄灭状态，且代表车辆动力电池接通的动力指示灯处于关闭状态。

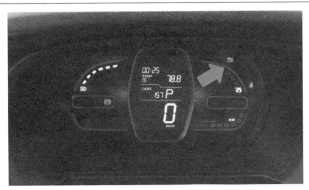

图 5-1-8　车辆 ACC 状态下的仪表显示状态

3）观察仪表指示灯，"READY"指示灯应该点亮，如图 5-1-9 所示。在确认安全的前提下，即可以移出 P 位，驾驶车辆了。

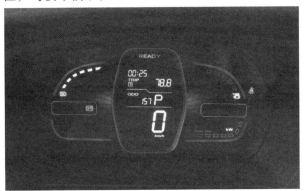

图 5-1-9　位于仪表的绿色"READY"指示灯点亮

（2）纯电动汽车的操控　以荣威 e50 纯电动汽车为例，在驾驶车辆过程中，与传统燃油汽车相比较，需要在以下操控上增加额外的信息。

1）仪表信息的正确使用。标准纯电动汽车 e50 仪表显示界面如图 5-1-10 所示。

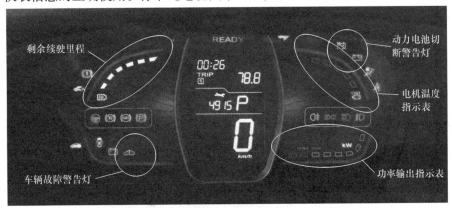

图 5-1-10　标准纯电动汽车 e50 仪表显示界面

① 电池电量指示表（信息）。与传统燃油汽车相比，纯电动汽车取消了燃油位置表，取而代之的是电池电量指示表。

荣威 e50 电池电量指示表采用数字显示，共 6 格，并搭配有电池电量指示灯。电池电量指示表数字显示情况见表 5-1-3。

表 5-1-3 电池电量指示表数字显示情况

格数	电量状态	指示灯
6 格	95% 以上	白色
5 格	85%～95%	白色
4 格	65%～75%	白色
3 格	50%～65%	白色
2 格	35%～50%	白色
1 格	35% 以下	黄色

② 电机温度指示表（信息）。纯电动汽车或增程式电动汽车均设计有电机温度指示表。该指示表类似于传统燃油汽车的发动机冷却液温度表，如图 5-1-10 所示，荣威 e50 的电机温度指示信息包括一个六格显示的指示灯和一个电机过热警告灯（图 5-1-11）。

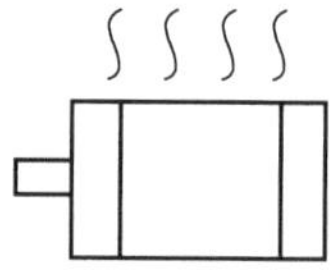

通常状态下，显示的格数表示了电机的温度，温度过高时，电机过热警告灯将变成黄色，提醒驾驶人采取有效措施，避免动力的中断。

图 5-1-11 电机过热警告灯

③ 功率输出指示表（信息）。功率输出指示表以 kW 为指示单位，类似于传统燃油汽车的发动机转速表。该表显示车辆的瞬时功率消耗和回收蓄电池的功率。

④ 故障警告灯。在新能源汽车中，所显示的故障警告灯分为三种类型，见表 5-1-4。

表 5-1-4 故障警告灯的三种类型

警告灯	措施
绿色/蓝色	系统功能正常激活
橙色	谨慎驾驶，并尽快去维修
红色	立即停车，等待维修

2）使用车辆信息显示功能。纯电动汽车与混合动力汽车等，均会在车辆信息娱乐系统中增加有与整车相关联的信息显示系统。通过该系统可以直观了解车辆的当前实时状态，如图 5-1-12 所示。

步骤一：打开车辆信息娱乐显示屏。

步骤二：选择主页按钮。

步骤三：选择车辆信息按钮，车辆显示实时车辆数据。

在荣威 e50 纯电动汽车中，车辆的实时数据包括动力电池电压、电机转速和动力电池的当前输入/输出电流值，这些信息将帮助驾驶人更好地掌握车辆的状态，安全并高效驾驶。

2. 混合动力汽车起动与操控

混合动力汽车的起动与操控，与纯电动汽车类似，不同的汽车制造商，可能在起动习惯

图 5-1-12　荣威 e50 车辆运行过程中的即时信息

与便捷性上做了一些改进,其起动原理与操控方式基本相同。

下面以比亚迪秦为例,介绍混合动力汽车的起动与操控。

1）起动前的车辆检查。检查充电线缆是否连接车辆,如图 5-1-13 所示。

2）携带钥匙,按下转向盘下方的起动按钮,起动车辆。起动成功后,仪表上的"READY"指示灯将绿色点亮,如图 5-1-14 所示。

3）移出 P 位驾驶车辆。与纯电动汽车不同的是,混合动力汽车有两套能源（发动机和电池）。目前大多数车辆的两套系统之间是由控制单元根据车辆运行状态自行切换的,

图 5-1-13　移出充电接口

图 5-1-14　起动车辆后仪表显示信息

但比亚迪秦在变速杆附近设计有 HEV 和 EV 按钮，车主可以根据需求，切换运行模式，如图 5-1-15 所示。

图 5-1-15　模式切换指示灯和 POWER 起动电源指示灯

4）驾驶中的个性化设置。驾驶车辆过程中，可以通过车辆信息娱乐系统中的显示屏，个性化设置车辆的辅助功能，如图 5-1-16、图 5-1-17 所示。

图 5-1-16　车辆信息娱乐显示屏

图 5-1-17　车辆设置显示菜单

复 习 题

1. 判断题

（1）纯电动汽车采用的有传统钥匙和智能钥匙两种。（　　）

（2）电动汽车起动电机前，一定要遵循车辆已挂入 P 位、制动踏板被完全踩下的要求。（　　）

（3）混合动力汽车在 EV 驱动模式下，仅通过由混合动力内燃机来驱动车辆。（　　）

2. 单项选择题

（1）比亚迪 e6 纯电动汽车，按下起动开关时，如果指示灯 点亮，表示（　　）。

A. 车门未关　　　B. 蓄电池没电　　　C. 系统未检测到钥匙　　D. 车辆故障

（2）普锐斯混合动力汽车 READY 指示灯点亮，表示（　　）。

A. 点火开关打开　B. 车辆故障　　　C. 电量不足　　　　　　D. 车辆已经起动

（3）普锐斯混合动力汽车 EV 行驶模式可以在以下情况被激活（　　）。

A. 车辆行驶速度达 40km/h　　　　　B. 内燃机已经暖机

C. 动力电池正常状态　　　　　　　D. 以上都是

（4）比亚迪秦仪表板表示混合动力模式指示灯的是（　　）。

A. HEV　　　　　B. ECO　　　　　C. SPORT　　　　　D. 以上都不是

（5）比亚迪秦表示动力电池电量低指示灯的是（　　）。

A. ▨　　　　　　B. ▨　　　　　　C. ▨　　　　　　D. 以上都不是

（6）比亚迪秦表示电机过热警告灯的是（　　）。

A. ▨　　　　　　B. ▨　　　　　　C. ▨　　　　　　D. ▨

（7）比亚迪秦表示动力电池过热警告灯的是（　　）。

A. ▨　　　　　　B. ▨　　　　　　C. ▨　　　　　　D. ▨

单元二 新能源汽车的充电

情境导入

你所在4S店的销售顾问请你协助向客户介绍新能源汽车的充电方法及注意事项,你能完成这个任务吗?

学习目标

1. 能够描述新能源汽车充电技术的概况。
2. 能够描述新能源汽车充电的类型与特点。
3. 能够描述充电桩的作用、类型与发展。
4. 能够描述新能源汽车充电操作及注意事项。

知识学习

一、新能源汽车充电技术的概况

自19世纪第一辆电动汽车面世至今,均采用可充电蓄电池作为其动力源。对于一辆电动汽车而言,蓄电池充电系统是不可缺少的子系统之一。

充电系统是新能源汽车(包含纯电动汽车和插电式混合动力汽车)的能源补给系统,为保障车辆持续行驶提供动力能源。

为新能源汽车充电的设备应具有下列功能:

1)将市电进行电力变换为电动汽车充电,供给与动力电池额定条件相对应的电力。

2)根据动力电池的实时状态控制充电的起动和停止,当动力电池充满后应自动停止充电。

3)根据动力电池的电量、温度,控制充电电流的调节和电池的加热。

4)可根据充电时长的需求来选择充电模式,即快充或慢充模式。

新能源汽车,特别是纯电动汽车的充电技术,最关键的问题是如何能实现高效率的快速充电。这关系到充电器的容量和性能、电网的承载能力和动力电池的承受能力等。随着动力电池本身的充放电速度的不断提高,充电系统的性能也在不断地改进,以满足在多种不同的应用情况下的快速充电需求。由于电力的储运和使用比汽油方便得多,充电设备的建造也呈现出多样性和灵活性,既可以为集中式的充电站,也可以设置在马路边、停车场、购物中心等任何方便停车的地方。除了固定充电装置以外,电动汽车还带有车载充电器,可以在夜间从家里的市电插座进行充电,甚至还可以在用电高峰期把电力逆变后返送回电网。目前根据不同的汽车动力电池电压和容量、充电速度要求,以及电网供电容量等因素的考量,固定充电器的容量一般在15~100kW的范围,输出电压一般为50~500V。车载充电器容量则在

3kW 左右。

目前，世界各国都在研究电动汽车的快速充电技术。欧洲已研发出 10min 充电可行驶 100km 的快速充电系统。美国也已经研发出了 6min 充电可以行驶 100km 的超快速充电系统。这些系统都采用国际通用的快速充电标准接口，输入电源可以用交流电，也可以用直流电。

由于快速充电系统需要强大的瞬时功率，所以在快速充电设施中电网的承载能力是一个关键的制约因素。如果想要把充电速度进一步提高，从普通电网直接供电基本上不可能。为了解决这个矛盾，技术人员正着手研发新一代带有储能缓冲环节的超快速充电系统。这项技术目前还处于早期发展阶段，但已经有示范系统展示。汽车在行驶中充电称为在线充电，这也是技术人员将要研究和开发的技术之一。这种技术一旦实施，车载的电池容量将可以降低。随着电动汽车市场的迅速发展，这些技术一定会得到广泛的应用并产生巨大的经济效益。

二、新能源汽车充电的类型与特点

1. 按充电设备位置分类

按充电设备位置分类，新能源汽车的充电系统类型有车载和非车载两种。

（1）车载充电　车载充电指采用地面交流电网和车载充电器（也称为车载充电机）对动力电池组进行充电。

车载充电器一般设计为小充电率，充电时间长（5～8h）。充电器和电池管理系统（负责监控动力电池的电压、温度和荷电状态）都安装在车上，所以它们相互之间容易利用电动汽车的内部线路网络进行通信。

（2）非车载充电　非车载充电即地面充电，指利用专用或通用充电器、专用或公共场所用充电桩等对动力电池组进行充电。通常非车载充电器的功率、体积和重量均比较大，以便能够适应各种充电方式。非车载充电器与动力电池管理系统在物理位置上是分开的。

2. 按充电方式分类

按充电方式分类，新能源汽车的充电系统类型有接触式和感应式两种。

（1）接触式　接触式也称为耦合或传导式。接触式充电方式如图 5-2-1 所示。将一根带插头的交流动力电缆线直接插到电动汽车的插座中给电池充电。其优点是简单、效率高；不足主要是充电电流小，充电时间长。

图 5-2-1　接触式充电方式

(2) 感应式　随着电力电子技术和变流控制技术的飞速发展，高精度可控变流技术的成熟和普及，电动汽车接触式充电技术采用充电电流和充电电压连续变化的恒压限流充电模式。接触式充电的最大问题在于它的安全性和通用性。为了使它满足严格的安全充电标准，必须在电路上采用许多措施使充电设备能够在各种环境下安全充电。新型的电动汽车感应充电技术发展很快，感应充电器是利用高频交流磁场的变压器原理，将电能从离车的原方感应到车载的副方，以达到给蓄电池充电的目的。感应充电的最大优点是安全，这是因为充电器与车辆之间并无直接的点接触，即使车辆在恶劣的气候下，如雨雪天，进行充电也无触电的危险。

感应式充电方式如图5-2-2所示。通过电磁感应耦合的方式进行能量转换从而给电池充电。其特点是使用方便，在恶劣的气候环境下进行充电也无触电的危险。充电器将50~60Hz的普通电转换成80~300Hz的高频电，然后将高频交流电感应到电动汽车上。充电时间大大缩短。

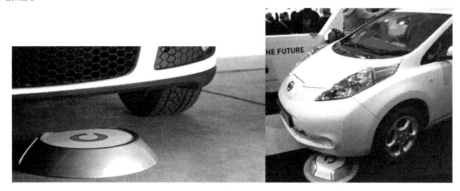

图5-2-2　感应式充电方式

3. 按充电时间分类

按充电时间分类，纯电动汽车的充电类型有快速充电（直流快充）和常规充电（交流慢充）两种。

直流快充和交流慢充方式的区别是：直流充电（快充）主要是通过充电站的充电桩将直流高压电直接通过直流充电口给动力电池充电；交流充电（慢充）主要是通过家用电源插头和交流充电桩接入交流充电口，通过车载充电器将220V交流电转为330V直流电（如比亚迪e6）给动力电池进行充电。

（1）快速充电　常规蓄电池的充电方法一般时间较长，给实际使用带来诸多不便。快速充电电池的出现，为纯电动汽车的商业化提供了技术支持。

快速充电又称为直流快充或应急充电，是以较大直流电流短时间在电动汽车停车的20min~2h内，为其提供短时间充电服务，一般充电电流为150~400A。

快速充电模式的优点是充电时间短。但是，相对常规充电模式，快速充电模式也存在一定的缺点：

1）"快充"实际并不快，而且降低动力电池的使用寿命。目前电动汽车使用最多的就是锂电池。锂元素是比钠还要活跃的金属元素之一，快充易使锂元素太过活跃，从而使电池中的电解液发生沉淀，产生气泡现象，也就是平常人们所看到的电池身上易凸起"小包"，摸上去有手感发热等情况，严重的会导致电池爆炸等安全事故。因此，充电电流不宜过大。市面上各大厂商都在鼓吹其电动汽车快速充电时间在 10min 左右，实际上以目前技术来看都不现实。以比亚迪 e6 纯电动汽车为例，这款电动汽车采用磷酸铁锂电池，其快速安全充电模式充电时间仍然需要 2h。

电动汽车充电快慢与充电器功率、电池充电特性和温度等紧密相关。当前电池技术水平下，即使快充也需要 30min 充电到电池容量的 80%，超过 80% 后，为保护电池安全，充电电流必须变小，充到 100% 的时间将较长。此外，在冬天气温较低时，电池要求充电电流变小，充电时间会变得更长些。

传统加油站汽车加油整个流程为 5~8min，充电站如果无法提供 15min 以内的快充服务，基本就失去了其社会基础建设的功能性。

2) 充电站成本较高，盈利模式值得商榷。目前直流充电方式的充电价格在 2 元/W 左右。以一个充电站 1000kW 的容量计算，加上送变电设施、敷设专用电缆及新建监控系统等，不包括建设用地成本，一个充电站的成本在 300 万~500 万元。这样的高成本，在电动汽车还没完全普及的情况下，是难以维持充电站的运营的。

直流充电关键技术如下：
- 高性能直流充电器技术：效率、谐波、使用寿命。
- 直流充电环境适应性技术：宽的温度范围、户外使用时凝露、风沙防护等。
- 充电安全防护技术：漏电、短路防护、误插拔防护、断线防护、倾倒防护、防误操作、防止带电插拔等。
- 充电器的高互换性技术：物理接口、电气接口、通信协议的高度兼容互换。
- 直流充电与电网的接口、有序充电及与电网的互动技术。

（2）常规充电　蓄电池在放电终止后，应立即充电（在特殊情况下也不应超过 24h）。常规充电又称为交流慢充或慢速充电，其充电电流相当低，约为 15A。常规蓄电池的充电方法都采用小电流的恒压或恒流充电，一般充电时间为 5~8h，甚至长达 10~20h。这种充电方式是利用车载充电器，接 220V 交流电即可。

常规慢充方式适用情况主要有：
1) 用户对电动汽车的行驶里程要求相对较低，车辆行驶里程能满足用户一天使用需要，利用晚间停运时间可以完成充电。

2) 由于常规慢充充电电流和充电功率比较小，因此在居民区、停车场和公共充电站都可以进行充电。

规模较大的集中充电站能够同时为多辆电动乘用车提供停车场地并进行充电。图 5-2-3 所示为公共服务充电桩。

常规充电模式的优点如下：
1) 尽管充电时间较长，但因为所用功率和电流的额定值并不关键，因此充电器和安装成本比较低。目前国内厂商提供的交流充电桩价格在每个 2.5 万元左右，一旦市场形成规模化，成本可以控制在每个 5000 元以内。图 5-2-4 所示为壁挂

图 5-2-3　公共服务充电桩

式交流充电桩，可安装在车库内使用。

2）可充分利用电力低谷时段进行充电，降低充电成本。目前，我国发电量和装机容量均已居世界第二位，电力装机容量达到 8 亿 kW 以上，电网的高峰负荷增长很快，峰谷差逐年拉大，造成发电资源的很大闲置。电动汽车依靠充电桩可以在夜间低谷充电（北京电网峰谷差达 40%），有利于改善电网运行质量，减少电网为平衡峰谷差投入的费用，可以说基本上不增加电网的负荷，汽车和电网双赢。

3）可提高充电效率和延长电池的使用寿命。与快速充电相反，常规充电的充电电流小，有利于提高充电效率和延长电池的使用寿命。

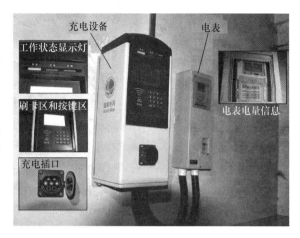

图 5-2-4　壁挂式交流充电桩

常规充电模式的主要缺点为充电时间过长，难以满足车辆紧急运行的需求。此外，我国城市的建筑密度也无法满足电动汽车对充电桩的需求，我国城市建筑结构以高楼为主，地面停车场数量有限，这样会造成有的车充不上电的情况。这种充电模式通常适用于续驶里程大的电动汽车，可满足车辆一天运营的需要，仅仅利用晚间停运时间进行充电即可的情况。

交流充电关键技术如下：
- 各种恶劣环境的适应性技术：高低温、高热、高湿、风沙、凝露、雨水、露天/市内使用等。
- 充电安全防护技术：漏电、短路防护、误插拔防护、断线防护、倾倒防护、防误操作等。
- 充电桩高互换性技术：物理接口、电气接口、通信协议等，实现充电桩和电动汽车充电的兼容互换。
- 灵活的计量计费技术：与各种不同运营模式的结合。
- 友好方便的人机交互技术：适应不同层次、不同水平的操作者。
- 充电桩的运行管理与综合监控。
- 有序充电及与电网的互动技术。

4. 更换电池方式

充电难、充电时间长、续驶里程短的问题，一直困扰着新能源汽车用户。北汽新能源提出"嫌充电慢不如去换电"的想法，与北京石油签订战略合作协议，双方合作开展新技术、新产业在企业生产和管理的应用。第一步就是利用加油站场地资源建设换电站，最先受益的是北京电动出租车。

北汽新能源总经理算了笔账，现在国内运营的电动出租车续驶里程在 150~250km，但充满一次电需要 1h 以上，部分车辆甚至需要 2h，严重影响了出租车的运营效率。北汽新能源开发的 C50EB 换电出租车换一块充满电的电池仅需 3min，比普通燃油车加油还快，而且换一次电池可以行驶 200km，不仅可以提高驾驶人的运营效率，还可以实现出租车的双班运营，提高出租车公司的效益。此次大力推广换电模式出租车运营是解决出租车电动化的最佳途径，驾驶人提高了效率增加收入、出租车公司实现双班运营增加效益、换电服务公司发展了新的业务、新能源汽车得到了发展并带动了下游产业链的发展、电网实现了低谷电的有效利用、财政减少了燃油补贴实现绿色财政，真正实现了全产业链的共赢。

直接更换电动汽车的电池组时需要考虑的是：由于电池组（图5-2-5）重量较大，更换电池的专业化要求较强，需配备专业人员借助专业机械来快速完成电池的更换、充电和维护。

图5-2-5　动力电池组

采用更换电池这种模式，具有以下优点：

1）电动汽车用户可租用充满电的蓄电池，更换需要充电的蓄电池，有利于提高车辆使用效率，也提高了用户使用的方便性和快捷性。

2）对更换下来的蓄电池可以利用低谷时段进行充电，降低了充电成本，提高了车辆运行经济性。

3）从另一个侧面来看，也解决了充电时间乃至蓄存电荷量、电池质量、续驶里程不足及价格高等难题。

4）可以及时发现电池组中单体电池的故障，对于电池的维护工作将具有积极意义。电池组放电深度的降低也将有利于提高电池的寿命。

应用这种模式面临的几个主要问题是：电池与电动汽车的标准化，电动汽车的设计改进，充电站的建设和管理，以及电池的流通管理等。

三、充电桩的作用、类型与发展

1. 充电桩的作用与类型

电动汽车充电电流比较大（即功率很大），如果用民用220V的插头，则充电导线和插头承受不了那么大的电流，会把插头和导线烧断，所以它需要专门的充电桩，充电桩所能承受的电流很大。

充电桩是电动汽车充电站，充电桩一般固定在路边或停车场内，利用专用充电接口，采用传导方式，为具有车载充电器的电动汽车提供交流电能，并具有相应的通信、计费和安全防护功能。通过投币或购买专用的IC卡，为电动汽车充电。一个充电桩可同时为两辆或更多辆汽车充电，从没电到充满的充电时间为6～8h。同时为提高公共充电桩的效率和实用性，今后会增加一桩多充和为电动自行车充电的功能。

充电桩如图 5-2-6 所示。充电桩可分为直流充电桩、交流充电桩和交直流一体充电桩。交流充电桩是安装在电动汽车外、与交流电网连接，为电动汽车车载充电机提供交流电源的供电装置，同时具备计量计费功能；直流充电桩是固定安装在电动汽车外、与交流电网连接，为电动汽车动力电池提供小功率直流电源的供电装置，直流充电桩具有充电机功能，可以实时监视并控制被充电电池状态，同时，直流充电桩可以对充电电量进行计量。

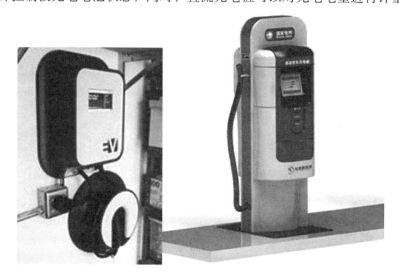

图 5-2-6　充电桩

充电桩的安全要求如下：

1）变电所应设置安全围栏、警示牌、安全信号灯及警铃。

2）高压配电室和变压器室门外或变电所安全围栏上应悬挂"止步，高压危险"警示牌。警示牌的标识必须朝向围栏的外侧。

3）高压配电装置上应有显著的操作指示说明。设备的接地点应有明显可见的标志。

4）室内应有明显的"安全通道"或"安全出口"标示牌。

另外，变电所及配电设备的布置设计应便于安装、操作、搬运、检修、试验和监测。

2. 充电桩的发展状况

截至目前，我国电动汽车充电站大多局限于电动公交汽车或内部集团用车，还没有建成真正面向不同用户的充电站服务网络。已经建成或在建的比较有代表性的充电站有：

1）2006 年，比亚迪在深圳总部建成深圳首个电动汽车充电站。

2）2008 年，北京市奥运会期间建设了国内第一个集中式充电站，可满足 50 辆纯电动大巴车的动力电池充电需求。

3）2009 年 10 月，上海市电力公司投资建成上海漕溪电动汽车充电站，是国内第一座具有商业运营功能的电动汽车充电站。

4）2009 年底，北京首科集团在健翔桥建设完成了国内第一个包含完整智能微网的北京纯电动乘用车示范充电站。

5）2009 年 12 月 31 日，南方电网投产的首批电动汽车充电站（桩）在深圳建成投运，建设规模为 2 个充电站、34 个充电桩。

6）2010 年 3 月 31 日，国家电网公司唐山南湖充电站建成投运，是我国首座国家电网典型设计充电站，可同时为 10 辆电动汽车按快充和慢充两种方式进行充电作业。

四、新能源汽车充电操作及注意事项

1. 充电电源选择

电动汽车的逐步普及已是不争的事实，然而目前充电和行程问题成为普及推广的主要瓶颈。新能源汽车用户在给电动汽车选择充电电源时需要注意以下事项。

目前国家电网正在初步规划充电站，由于工程量大，投入成本高，周期长，加上充电时间长，车位少，充电站覆盖点少等缺陷导致电动汽车用户苦于无法方便地对自己的爱车进行充电。因此，有的用户就会在家里拉出线缆，私自改造充电接口，对电动汽车进行充电，这种充电方式存在安全隐患，如图 5-2-7 所示。

图 5-2-7　私拉电线安全隐患

由于技术和工艺的限制，目前电动汽车车载充电器功率都比较小，一般为 3kW 左右，采用 220V 家用电的电流大概在 16A 左右，而一般情况下入户电流容量最大不超过 16A，因此家用电缆会因过载工作而有可能引起火灾。

国家在电动汽车充电方面有标准，建议用户使用充电桩进行充电，因为充电桩能根据供电电源的容量自动限制车载充电器的充电功率，并能在出现故障后安全可靠地切断电源，避免火灾等事故发生。标准中不建议在没有充电桩的情况下进行充电，更是禁止在没有充电桩的情况下采用三相工业用电进行充电。目前电动汽车充电市场并未完善，充电手段参差不齐，直接将充电枪插到家用电上充的现象也并不少见。电动汽车用户需要注意的是，如不按照国家标准或不按照电动汽车充电方式使用手册进行充电，那么出事故后用户是不能得到国家的相关标准保护的。针对这种情况，北京市出台了相关政策，以后购买电动汽车可标配充电桩，用户就可以在物业小区里申请安装充电桩进行对汽车充电了。

2. 交流充电（慢充）**充电桩和充电口选择**

（1）慢充充电桩　交流充电的充电桩和主要技术参数如图 5-2-8 所示。可以采用停车位桩体式（落地安装）（250V/AC 32A/16A）充电桩和家用车库壁挂式（250V/AC 16A）充电桩，也可以采用家用插座交流充电器（240V/AC 8A），分别如图 5-2-9、图 5-2-10 和图 5-2-11 所示。

（2）慢充充电口　慢充充电口在实车上的位置如图 5-2-12 所示。

3. 直流充电（快充）**充电桩和充电口选择**

（1）快充充电桩　直流充电的充电桩和主要技术参数如图 5-2-13 所示。

（2）快充充电口　快充充电口在实车上的位置如图 5-2-14 所示。

4. 充电时的注意事项

1）混合动力车辆插有充电电缆时不要加油，与易燃物品保持充足的安全距离。否则，未按规定插入或拔出充电电缆时存在因燃油燃烧等导致人员受伤或物品损坏的危险。

2）通过家用插座为高电压动力电池充电会导致插座上出现较高持续负荷。因此，必须遵守以下说明：

项目	参数	项目	参数
充电连接器	IEC/GB	安装	落地安装 挂壁安装
人机界面	LCD/LED/VFD 键盘	通信	RS485/2G /3G
计费装置	RFID/IC card	环境温度	-20℃～+50℃
供电	220V±10% 50Hz±1Hz	环境湿度	5%～95%
输出电压	单相 AC 220V±10%	海拔	≤2000m
输出电流	≤32A	平均无故障工作时间	≥8760h
IP	IP55		

图 5-2-8 交流充电的充电桩和主要技术参数

图 5-2-9 停车位桩体式充电桩

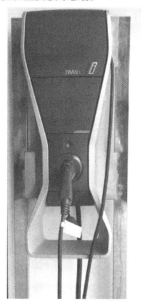

图 5-2-10 家用车库壁挂式充电桩

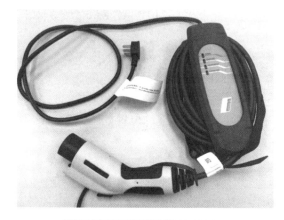

图 5-2-11 家用插座交流充电器

a) 宝马i3　　　　　　　　　b) 北汽EV160

图 5-2-12　慢充充电口在实车上的位置

内容	技术指标
额定输出电压	DC750V(200～750V)
额定输出电流	DC100A/250A/400A
输出稳压精度	≤±0.5%
输出稳流精度	≤±1%
功率因数	≥0.99(含APFC)
效率	≥93%(半载以上)

图 5-2-13　直流充电的充电桩和主要技术参数

北汽EV160

图 5-2-14　快充充电口在实车上的位置

- 不要使用适配器或延长电缆。
- 充电结束后首先拔出车上的充电插头，然后再拔出墙上的充电插头。
- 避免绊倒危险，以及充电电缆和插座机械负荷。
- 不要将充电插头插在损坏的插座上。
- 不要使用损坏的充电电缆。
- 为高电压动力电池充电时，充电插头和充电电缆可能会变热。如果变得过热，则充电插座不适用进行充电或充电电缆已损坏。应立即中止充电并让电气专业人员进行检查。
- 反复出现充电故障或中断情况时，联系具有资质的维修人员。
- 仅使用防潮和防侵蚀的插座。
- 不要用手指或物体接触插头触点区域。
- 切勿自行维修或改进充电电缆。
- 进行清洁前将电缆两侧均拔出，注意电缆不要浸入液体内。
- 充电期间不允许进行自动洗车。

- 仅在经过电气专业人员检查的插座上进行充电。
- 在不了解的基础设施/插座上充电时，应遵守用户手册内的特殊说明。在车上将充电电流设置为"较低"。

五、新能源汽车充电操作规范

以下介绍新能源汽车（纯电动汽车和混合动力汽车）充电操作规范。

1. 充电操作及注意事项

警告：充电前，务必遵守外部充电和车辆本身的安全操作要求！

纯电动汽车只能采用自身的动力电池提供能量来行驶。为了避免因动力电池过放电而导致车辆无法行驶，及时充电储能及行驶前计算电量需求是非常重要的。通常有三种充电方法可以为纯电动汽车充电：

快充的使用操作

- 充电站直流充电。
- 充电桩交流充电。
- 家用交流充电。

（1）车辆充电前的充电模式设置 纯电动汽车都设计有充电模式的选择，通过车辆信息娱乐内的车辆控制系统可以设置充电模式，这包括有即时充电和预约充电等。纯电动汽车充电模式设置如图 5-2-15 所示。

以比亚迪 e6 的充电模式设置为例，该车辆有两种充电模式：

1）即时充电（一般直接充电）。

预约充电关闭时，当充电器连接好后车辆自动开始充电。

预约充电打开时，任何时候都可以使用即时充电按键实现立即充电，方法如下：

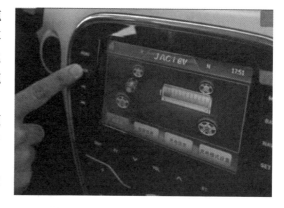

图 5-2-15 纯电动汽车充电模式设置

① 电源档位退至 OFF 档。

② 按一下即时充电按键，组合仪表提示"即时充电功能开启，请在 15min 内连接充电器"。

③ 15min 内连接充电器实现立即充电。

2）预约充电（按照设置的充电时间对车辆定时充电）。在 DVD 显示屏上利用订时器可以制订动力电池的充电时间，定时器包含充电开始时间、充电结束时间，一周中的每一天都可以单独设置定时器。

慢充的使用操作

注意：

① 定时器设置成功后马上生效，进入倒计时。

② 只要充电开始时间设置完成，定时器就有效。

③ 只有充电结束时间设置时，DVD 不可保存设置。

④ 设置充电模式与充电时间，系统会根据最新的设置进行倒计时充电。

（2）为车辆进行充电 下面以交流充电桩为例，介绍对纯电动汽车的充电操作步骤。

将车辆与交流充电桩的交流充电器相连,实现交流充电。

1)关闭车辆起动开关。

2)设置即时充电模式。

3)打开充电口盖拉索,如图 5-2-16 所示。

图 5-2-16　打开充电口盖拉索

4)打开交流充电口盖,如图 5-2-17 所示。

图 5-2-17　打开交流充电口盖

5)连接车辆端交流充电器,仪表点亮充电连接指示灯,如图 5-2-18 所示。

图 5-2-18　连接车辆端交流充电器

6)充电桩设置起动充电,如图 5-2-19 所示。

7)结束充电后,断开交流充电器(图 5-2-20),按下开关,拔出交流充电器,并将其放在指定位置。

8)关闭交流充电口盖和充电口盖拉索。

9)交流即时充电结束。

图 5-2-19 充电桩设置

2. 新能源汽车充电规范操作

以下以荣威 e50 纯电动汽车交流慢充操作为例，介绍新能源汽车充电操作步骤：

1）确保车辆已停驻。使用信息娱乐显示屏上的"充电限制偏好"选择适当的充电级别（图 5-2-21），使车辆熄火。

2）按压充电端口门的后缘再松开，即可打开充电端口门。天气寒冷时，充电端口门周围可能会结冰。如果已经结冰，请先清除该区域的冰，然后再尝试打开或关闭充电端口门。打开充电端口门如图 5-2-22 所示。

3）打开后掀门。打开左侧储物箱盖并取出充电线，如图 5-2-23 所示。

图 5-2-20 断开交流充电器

图 5-2-21 设置车辆充电偏好

4）将充电器插头插入电气插座，确认充电线缆的状态。

注意：大多数充电桩或充电器上都设计有两个指示灯，指示灯的状态及分别代表的含义见表 5-2-1。

模块五 新能源汽车使用与充电 | 201

图 5-2-22 打开充电端口门

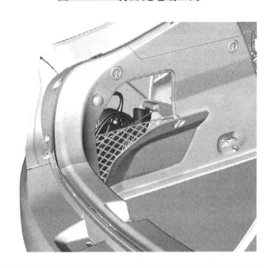

图 5-2-23 取出随车充电器或从充电桩上取出充电线

表 5-2-1 指示灯的状态及分别代表的含义

⚡	❗	符号	故障/情况/事件
绿灯常亮	关闭（无指示灯）	✓	无故障：充电线缆正从电气插座中获取电源，并准备供应给车辆
关闭（无指示灯）	红灯闪烁	✗🚗	车辆故障：充电线缆搭铁故障，电路断流器（GFCI）或过流检测已跳闸。确保充电线缆无物理性损坏，且车辆插头完全就位并连接良好。通过从电气插座中拔出充电线缆再重新插入，重置充电线缆。如果故障仍然存在，请咨询特约售后服务中心
绿灯常亮	红灯闪烁	✗🔌	充电线缆故障：充电线缆已检测到自身存在潜在问题。通过从电气插座中拔出充电线缆再重新插入，重置充电线缆。如果故障仍然存在，请咨询特约售后服务中心

5）将充电线缆的车辆插头插入车辆上的充电端口中，确认仪表板上部的充电状态指示

灯点亮，如图 5-2-24 所示。

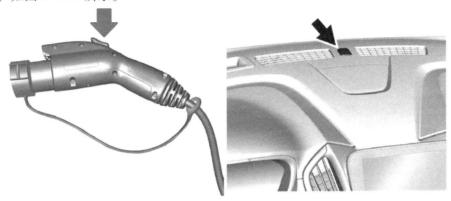

图 5-2-24　按下充电接口开关和充电状态指示灯点亮

注意：需要激活充电线缆防盗警报功能，用遥控门锁（RKE）发射器为车辆上锁。

6）连接成功，进行车辆充电。进行车辆充电中的仪表如图 5-2-25 所示。

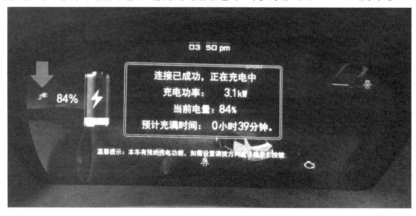

图 5-2-25　进行车辆充电中的仪表

注意：正在充电时，仪表上会显示充电连接指示灯，并显示当前充电信息。

复 习 题

1. 判断题

（1）充电系统是纯电动汽车和插电式混合动力汽车的能源补给系统，为保障车辆持续行驶提供动力能源。（　　）

（2）充电系统在动力电池充满后应自动停止充电。（　　）

（3）车载充电指采用地面交流电网和车载充电器对动力电池组进行充电。（　　）

（4）非车载充电器与动力电池管理系统在物理位置上是一体的。（　　）

（5）接触式充电方式充电电流大，充电时间短。（　　）

（6）快充充电方式通过交流充电口给动力电池充电。（　　）

（7）与快速充电相反，常规充电的充电电流小，有利于提高充电效率和延长电池的使

用寿命。 ( )

(8) 家用车库壁挂式充电桩和家用插座充电器都是采用交流电源。 ( )

(9) 混合动力车辆可以在充电的同时加油。 ( )

2. 单项选择题

(1) 按充电设备位置分类,新能源汽车的充电系统类型有(   )。

A. 车载　　　　　B. 非车载　　　　　C. A 和 B 都是　　　　D. 以上都错误

(2) 按充电方式分类,新能源汽车的充电系统类型有(   )。

A. 接触式　　　　B. 感应式　　　　　C. A 和 B 都是　　　　D. 以上都错误

(3) 按充电时间分类,新能源汽车的充电类型有(   )。

A. 快速充电(直流快充)　　　　　　B. 常规充电(交流慢充)

C. A 和 B 都是　　　　　　　　　　D. 以上都错误

(4) 提出"更换电池方式"解决充电难、充电时间长、续驶里程短的问题的生产厂家是(   )。

A. 比亚迪　　　　B. 荣威　　　　　　C. 吉利　　　　　　　　D. 北汽新能源

(5) 充电桩的类型可分为(   )。

A. 直流充电桩　　B. 交流充电桩　　　C. 交直流一体充电桩　　D. 以上都是

参 考 文 献

[1] 王刚. 新能源汽车 [M]. 北京：清华大学出版社，2015.
[2] 王振坡，孙逢春，刘鹏. 电动汽车原理与应用技术 [M]. 2版. 北京：机械工业出版社，2016.
[3] 邹国荣，程明. 电动汽车的新型驱动技术 [M]. 北京：机械工业出版社，2010.
[4] 王志福，张承宁. 电动汽车电驱动理论与设计 [M]. 北京：机械工业出版社，2012.
[5] 许晓慧，徐石明. 电动汽车及充换电技术 [M]. 北京：中国电力出版社，2012.
[6] 徐海明. 电动汽车充电站运行与维护技术 [M]. 北京：中国电力出版社，2012.
[7] 陈全世. 先进电动汽车技术 [M]. 2版. 北京：化学工业出版社，2013.
[8] 林程，韩冰. 北京市纯电动汽车技术培训教程 [M]. 北京：北京理工大学出版社，2012.
[9] 章桐，贾永轩. 电动汽车技术革命 [M]. 北京：机械工业出版社，2010.
[10] 许崇良，张传发. 电动汽车与混合动力 [M]. 济南：山东大学出版社，2013.
[11] 赵立军. 电动汽车测试与评价 [M]. 北京：北京大学出版社，2012.
[12] 崔胜民. 新能源汽车技术 [M]. 2版. 北京：北京大学出版社，2014.
[13] 胡骅，宋慧. 电动汽车 [M]. 3版. 北京：人民交通出版社，2012.
[14] 赵立军，佟钦智. 电动汽车结构与原理 [M]. 北京：北京大学出版社，2012.
[15] 王贵明，王金懿. 电动汽车及其性能优化 [M]. 北京：机械工业出版社，2010.
[16] 何洪文. 电动汽车原理与构造 [M]. 北京：机械工业出版社，2012.
[17] 吴晓斌，刘海峰. 新能源汽车概论 [M]. 北京：人民交通出版社，2017.